外資系コンサルが実践している
英語ファシリテーションの技術

Facilitation

太田信之 [著]

日本経済新聞出版社

まえがき
Preface

はじめまして。本書を手にとってくださり、ありがとうございます。

私はバレオコン・マネジメント・コンサルティングで、アジア・パシフィックの代表をしている、太田信之といいます。本書で取り上げているファシリテーションを活用して、日々問題解決をしています。

ファシリテーションって、何でしょうか？ 私にとってのファシリテーションとは、「こんがらがっている糸を解きほぐして問題を解決すること」です。

会議や打ち合わせで成果を上げるためには、そもそもの背景の確認や、目的とゴールの設定が欠かせません。当日の参加者だけでなく、場合によっては利害関係者に事前に相談することもあります。当日の論点を事前に整理し、意思決定のために必要なデータや枠組み（フレームワーク）を準備しなければ、多忙な人を集めても、満足のいく結論を出せずに終わるでしょう。

こうした準備をした上で、参加者の気持ちが議論に向かうように働きかけて当日の議論を開始します。議論を発展させながら結論を出して、次につなげるためのアクションを確認する。こうして会議の目標を達成します。

これでホッと一息ですが、それだけで安心せず、解決策が定着するまでフォローする。これが、私にとってのファシリテーションの定義です。

こう書いてみると、ファシリテーションは仕事そのものに聞こえませんか。そうです。実際に、**GE** に勤めていた時、私の上司だったアメリカ人は、問題が発生するとすぐに、**Ota-san, can you <u>facilitate</u> to solve the problem?**「太田さん、この問題なんとかして解決してくれないかな」と言っていました。私には彼の言う facilitate が、会議での **facilitation** だけでないことが分かりました。自分が社会人第一歩から同じような経験をしていたからかもしれません。

私の最初の仕事は、ソニーの海外事業部での欧州担当でした。欧州の販売会社のローカル採用された役員やマーケティング担当者と、東京の商品企画や設計との間で喧々諤々議論しながらも、最後にはお互いの状況については正確に理解し、そ

の上で必要な意思決定を、双方納得のいくプロセスで導かなければならない。こうしたミーティングを毎年2回、当時十数社あった欧州の販社ごとに実施するのです。

　良い商品を創って売るという共通の目的があるにもかかわらず、まず設計と営業の間には高い壁があります。ましてや海外市場となると…。双方の隔たりを埋めるのは、結構骨が折れる仕事でした。

　その後、GEの金融部門に勤め、買収した企業の事業統合を担当しました。買収した日本企業で、全社員にファシリテーション・スキルを高める活動をおこない、組織が変わってゆく様を目の当たりにしました。トップがコミットし、短期間のうちに徹底的にやれば、組織風土も変えることができる。ファシリテーションは、仕事の進め方の基本だと認識させられました。

　そしてコンサルタントとして活動し、ある自動車会社のV字回復の支援を皮切りに、破綻企業の再生などを支援し、現在は日本やアジアだけでなくヨーロッパやアメリカのお客様とも仕事をしています。

　数えてみると過去3年間で欧米・アジアの20カ国に出張し、ファシリテーションを使いながら、今日も問題解決をしています。その中で、私自身「えー、そんなのないだろう」というような出来事にも遭遇しながら、その都度なんとかやりくりしてきました。

　こんな経験を元にして「ファシリテーション」スキルを「海外の人との仕事の中で、実践的に使える」ように、役立つ内容や、私自身が困った状況を含めて、可能な限り解説しようと試みたのが本書です。

　本書の特徴を挙げるとすれば、大きく3つあります。

　まず、ファシリテーションを実際に業務で使って成果を出すための視点で書いていることです。本書の日本語の部分だけ読んでも、より実践に近い場面で成功に結びつけるためのファシリテーションの具体例を学ぶことができます。

　2つ目は、「こんな場面では、海外の人と一緒の時、どうやって進めるんだろうか」という、実際に必要な場面を想定した上で疑問に応えていることです。日本語や英語例文だけでなく、「なぜその表現なのか」という舞台裏に相当する解説部分もぜひ読んでください。

　そして、最後の特徴は英語です。本書の英文は、「この場面では自分だったらこういう表現を使うだろう」というリアルな感覚を前提にして書いています。「あの時、こ

う言って課題を整理したな」という自分自身の振り返りをしながら、例文を考えてみました。

　今回、本書を書いたのには、こんな背景があります。
　ここ数年、「オレは日本語だけでいいから」と思っていた方にも、英語で仕事をせざるを得ない状況が格段に増えてきています。「英語＝海外赴任や直接の海外関連部署」という図式はもう終わり、誰にとってもある日「英語で仕事をする」ことになる可能性が出てきています。
　気がついてみると、シンガポールのアジア本社の企画担当やマレーシア工場の出荷担当が絡んできて、日々の仕事の中で資料がいつの間にか英語になっていたりする経験、皆さんの周りで増えてきていませんか。
　仕事を進める中で、海外とのやり取りに巻き込まれていくことが、これからますます増えていきます。その時の状況を想像して、どんな英語を使うと、良い議論ができて、良い結果が出るのかを、できるだけ再現するようにしました。
　たとえば本書で使っている各種の写真は、ほぼすべて私が実際にファシリテーションをしていた現場のものです。海外の人が書く「文字」ひとつとっても、ずいぶん感覚が違うと考え、臨場感重視で実際の写真をできるだけ使いました。

　読者の皆さんのこれからのキャリアの中で、本書が少しでもお役に立てるようであれば、私にとってこの上もない喜びです。

2014年10月

太田　信之

本書における英語表現について

　本書における英語表現はすべて「実践的に通じる」ことを優先して書いています。厳密な文法や単語を優先するよりは、解説しているさまざまな場面に実際にいることを想定して、その時に口頭で使うであろう表現を優先して英文を作りました。

　各項目の「使える言い回し」というコーナーでは、日英対訳の形で例文を紹介しています。これまで筆者が遭遇したさまざまな場面で、実際に使われていた表現を思い起こして書いたものです。その例文には、🅕と🅢という頭文字を付けています。

🅕：「**Full**（すべて）」の略です。1つの完成された文として、シンプルで、どんな状況でも使える表現の例文です。

🅢：「**Short**（短く）」の略です。文法にこだわらず、できるだけ素早く意図を伝えるための、短い言い回しの例文です。

　特に🅢の例文は、厳密な英文法に照らすと、少々おかしい表現も入っています。しかし、英会話の教科書に書いてあるような表現だけで仕事をしている人は存在しません。海外の映画やドラマを実際に見ると、「英語には主語が必要」など、教わったこととはまったく異なる表現が多いことに驚きませんか。

　このように🅕と🅢というコンセプトで、実践の場で使えることを念頭に置いた例文を用意しました。

contents

まえがき……… 3

CHAPTER 1
ファシリテーションとは
What is Facilitation?

1 ファシリテーションの意味と目的 ……… 14
   Objective of Facilitation

2 ファシリテーターの役割と立場 ……… 18
   Role of the Facilitator

3 ファシリテーションが効果を上げる場面 ……… 21
   Applying Facilitation

CHAPTER 2
ファシリテーターの基本動作
ABC's for the Facilitator

1 基本:ファシリテーターの「心技体」 ……… 29
   Principle: The Mind-set, Skills, and Appearance of Facilitators

2 参加者をリードする ……… 37
   Leading Participants

3 参加者から最大のものを引き出す ……… 44
　Extracting the Best out of Participants

4 議論を発展させ、まとめる質問をする ……… 48
　Asking Questions to Develop the Argument and to Create Consensus

5 議論の経過を「見える化」する ……… 57
　Flip-charting the Process of Discussion

6 確認（サマリー）で議論を積み上げる ……… 63
　Building Consensus by Summarizing Constantly

7 議論のプロセスを確認する ……… 67
　Checking the Process of Discussion

8 より高い成果を目指してチャレンジする ……… 70
　Challenge: To Aim for a Better Result

9 参加者との関係に注意する ……… 74
　Minding the Relationship with Participants

10 参加者の状態を正しく読む ……… 78
　Reading the Mind of the Participants

11 戦略的に休憩を活用する ……… 81
　Strategic Value of taking a Break

12 問題行動に対処する ……… 87
　Dealing with Misbehavior

13 経過時間を都度確認する ……… 91
　Essence of Time Keeping

14 アジェンダや目標を修正する ……… 94
　Revising the Agenda or Goal of the Meeting

15 記録されたものを素早く共有する ……… 96
　Quickly Sharing the Meeting Record

CHAPTER 3
ファシリテーションの6つのステップ
Six Steps for Facilitation

1 ファシリテーションの6つのステップ ……… 100
Six Steps for Facilitation

ステップ1／準備する ……… 107

1 目的を確認する ……… 108
Defining Objective

2 参加者を確定する ……… 111
Selecting Participants

3 会議の設計をする ……… 115
Designing the Agenda

4 必要な環境を設定する ……… 119
Preparing Logistics and Administration

5 成功イメージを持つ ……… 126
Visioning for Success

6 設営を確認する ……… 129
Checking the Setup

ステップ2／開始する ……… 131

1　参加者を迎え入れる ……… 132
　　Welcoming Participants

2　会議に気持ちを向けさせる ……… 134
　　Engaging Minds into Meeting

3　アイスブレークで場を和ませる ……… 138
　　Breaking the Ice

4　グラウンドルールを合意する ……… 143
　　Agreeing to the Ground Rule

5　駐車場を使って脱線を防ぐ ……… 146
　　Using a Parking Lot

ステップ3／発展させる ……… 148

1　親和図で考えを共有する ……… 149
　　Exchanging Opinions by Affinity Diagram

2　魚の骨で要因を分析する ……… 156
　　Using Fishbone to Identify the Causes

3　ブレーンストーミングで解決策を出す ……… 161
　　Brainstorming for Solution

ステップ4／結論を出す ……… 167

1　ペイオフマトリクスで優先順位をつける ……… 168
　　Prioritizing by Payoff Matrix

2　リスク分析で実行を確実にする ……… 172
　　Analyzing Risks before Implementation

ステップ5／次につなげる ……… 177

1 What-Who-Whenで実行度を上げる ……… 178
What-Who-When to Make Sure Things Get Followed Up

2 参加者間でのコンセンサスを確認する ……… 184
Making Sure of the Consensus

ステップ6／フォローする ……… 186

1 4ブロッカーで定期的に実行状況を確認する ……… 187
Moving Forward through Regular Review Meetings by the "4 blocker"

2 目標達成を確認し、将来につなげる ……… 192
Confirming the Achievements and Accumulating the Learning

付録 電話会議をファシリテーションする ……… 195
Supplementary Lesson: Facilitating a Conference Call

あとがき ……… 205

ブックデザイン
原田恵都子(ハラダ+ハラダ)
DTP
リリーフ・システムズ

CHAPTER 1
ファシリテーションとは
What is Facilitation?

ファシリテーションの意味と目的
Objective of Facilitation

ファシリテーションとは何でしょうか。会議や打ち合わせの場面だけではない、ファシリテーションという言葉の本当の意味、目的、そしてどのような場面で有効なのかを説明します。

ファシリテーションとは「容易にすること」

英語圏では「ファシリテーションをする（facilitate）」や「ファシリテーションをする人（facilitator）」という使い方をします。「ファシリテーション（facilitation）」の存在は、ビジネスの中で当たり前のものとして定着しています。加えて、欧米だけでなくアジアでも、ずいぶんと普通の考え方やスキルとして定着してきています。ファシリテーションに関連して、どんな英語が使われるのか見てみましょう。

動詞：facilitate ファシリテーションする
来週の事業計画会議のファシリテーションをしてくれないか？
Can you facilitate the business-planning meeting next week?

名詞：facilitation ファシリテーション
ファシリテーションはリーダーにとって大切なスキルです。
Facilitation is an important skill for a leader.

名詞：facilitator ファシリテーター
ファシリテーターをもっと育てる必要がある。
We need to train more facilitators.

facilitate、facilitation、facilitator という言葉の語源をたどると、ラテン語の facile にたどり着きます。この言葉は、現代のイタリア語やフランス語では「やさしい（easy）」という意味として残っています。

このことは、ファシリテーションを理解する上で大変重要なポイントです。ファシリテーションとは、ただ会議を仕切るだけではなく、**難しい状況を容易な状況にする**という目的が含まれているからです。これがそのままファシリテーションという仕事の進め方と密接に関係しています。

ではビジネス上でのファシリテーションは、具体的に何を解きほぐし、何を「やさしく」するのでしょうか。

会議の司会を超えて──ファシリテーションは問題を解決すること

ファシリテーションは会議や打ち合わせを「仕切る」ことで、ファシリテーターは「仕切る人」だと思われていることが多いようです。しかし、ファシリテーションには会議の仕切り以上の意味合いがあります。たとえば、海外で仕事をしていると、こんな場面に遭遇することがあります。

> 上司：なあタカシ、営業と物流の間のトラブルが、もう手が付けられなくなってきている。ちょっとなんとかしてくれないか？
>
> Boss：Hey, Takashi, the trouble between Sales and Logistics is getting out of control. Can you facilitate?

上司にこう言われたら、皆さんならどう受け止めますか？　自然な文脈では、**facilitate** という動詞は「なんとかする」という意味になります。

この場面では、上司は「会議」をしてくれと言っているのではありません。いま発生している問題（＝営業と物流の間にある問題）を解決してくれと言っているのです。つまり**目的は問題解決**なのです。

こんな状況、日本でもよくありますよね。そのときにファシリテーションのスキルや知識がきっと皆さんの役に立つはずです。もちろん、海外の方と仕事をする際にはなおさらです。

ファシリテーションをする場面

前ページでは、問題解決を指してファシリテーションと呼びました。問題解決のためにどんなことをするのか、優れたファシリテーターであれば取るであろう行動と、その時の状況を、時系列に沿って挙げてみましょう。

■**問題の理解**のために対話する
　想定される場面は、1対1で当事者の話を聞いてみることです。それぞれの部門の人々とランチをしながら情報収集するなどの場面が想定されます。
　↓
■問題を理解し、**解決への筋道**を立てる
　聞いた話や過去のトラブルの情報をもとに、どのようなプロセスでこの部門間の問題を解決するかを考えます。上司に進め方の相談をするといった場面が想定されます。
　↓
■問題解決に必要な**情報を収集する**
　現場観察、さらなるヒアリング、資料収集といった場面が考えられます。
　↓
■問題解決に向けて双方に**働きかける**
　問題のもととなっている両者（この場合は営業と物流）、特に責任者に対して、問題解決の必要性と、どのように動いてもらうかを確認します。1対1または少人数で打ち合わせることが多いでしょう。
　↓
■双方が直接会って、**問題解決のための話し合い**をする
　今回の問題解決に必要だと思われる人々が一堂に会する会議やワークショップを実施します。
　↓
■双方が**問題解決に向けた行動を約束する**
　会議やワークショップの最終段階が想定されます。
　↓
■双方が行動し、**問題が解決されるようフォロー**する

合意したアクションの実行をフォローするためにレビュー会議や電話、メール、実際に会って1対1で話をする場面などです。立ち話や会食も含まれます。

「ファシリテーションって、そこまで含まれるの？　会議やワークショップの司会だけじゃないの？」と思われるかもしれません。たしかにファシリテーションが主に必要とされる場面は、打ち合わせや会議の仕切りにあります。しかしその目的を考えると、やはり**問題解決**であり、**コミュニケーション**であり、それらをうまくまとめて最後に結果を出すことです。

そのためには、**さまざまなスキルとリーダーシップが必要**です。問題を解決するために、準備をし、資料を作り、会議を実施し、コミュニケーションを図る——**グローバルな仕事の進め方は、ファシリテーションのスキルが前提になっている**といっても過言ではありません。

ファシリテーションのスキルが必要とされる時代

問題解決のスキルを実践し結果を出すことは、職種を問わず、自分の価値を上げることにつながります。

仕事において、決められたことを着実に実行するだけでは、自分自身の付加価値は上がりません。どんな職種であれ仕事の評価は、どれだけの価値を生み出せるか、それも一度だけでなく継続的に生み出せるかによって決まります。

たとえルーチンワークでも、いかに生産性を上げるか。日々自分の仕事を見つめて、どこで付加価値をつけるかを考えるのです。トヨタなどは会社をあげてこうしたことを徹底的にやり続けて成果を上げています。

未解決の問題を解決すること。所属するチームのために新しい価値のあることを企画し、実行し、成果を出すこと。それを通じて人材を育成し、組織力を上げること。こうしたことができる人が、その能力やリーダーシップを期待されて、より大きな仕事や組織を任されていきます。

ファシリテーションの知識やファシリテーターとしてのスキルを身につけることは、自分の成長のためにも、組織の成長のためにも、そして日本のためにも、いま求められています。

2 ファシリテーターの役割と立場
Role of the Facilitator

ファシリテーターの役割

ファシリテーターはどのような立場でどんな役割を果たしているのでしょうか。ファシリテーターは目的を達成するために、いくつかの役割を果たします。ファシリテーションの段階や状況に応じて強調される役割が異なります。

■関係者との間を「調整（coordinate）」してまとめ上げる
　関係者の主張や本音を理解しながら、合意して実行するための道筋を合意します。

図01. ファシリテーターの役割

18

■問題に「焦点（focus）」を当てて解決する

　散漫になりがちな状況で、特定すべき問題はどこなのか見つけます。そして、参加者と共に問題を解決します。この際、議論の参加者としての立場と、中立的なファシリテーターとしての立場を兼ねることもありますが、自分の立場や振る舞いを効果的に使い分ける必要があります。

■「構造化（structure）」する

　事前に全体の進め方を設計します。そして、実際の議論の場面で状況を把握した上で、議論の枠組みを明確にし、ゴールに効率的にたどり着くようにします。出てきた意見や、実際の事実・情報を組み立てる建築家のようなものです。

■「ガイド（guide）」する

　登山においてガイドは、入山口から山頂、下山口まで適切に情報共有します。また、現在の天候やこれまでの経験から、「これから天候が悪化しそうだ」「ここで休憩をとり、次のルートの準備をすることが必要だ」などの投げかけをします。

■「サポート（support）」する

　ゴールにたどり着くまで、チームはさまざまな状態に直面します。チームの状況を見ながら、モチベーションを上げて、最後まで目標に向かえるようにサポートします。また、必要な道具を準備し環境を整えて、参加者が議論に集中できるようにします。

ファシリテーターの立場

　ファシリテーターは「中立の立場」「第三者としての立場」が望ましいとされています。これは問題解決のために、**どちらかの立場に偏ることなく、目的を最適に解決するための観点を持つ**必要があるためです。

　実際の業務の中では、第三者的な立場の人間を立てたり、お金をかけて外部のファシリテーターに来てもらったりすることは難しい場合が多いでしょう。参加者の1人、ときには意思決定者本人がファシリテーションをすることもあるかもしれません。そんな時には「中立性」を意識して、問題に対しての最適な結論を出すことを心が

けてファシリテーションをしましょう。

　優れたビジネスマンは、どのような場合でも自分の立場や利害、視点をいったん離れて考えることが可能です。「中立」「第三者」となることで、全体的で広く高い視野から問題を見つめることができ、結果的により良い解決ができるからです。

ファリテーションはリーダーシップに通じる

　ファシリテーターは、ただ双方の考えを出してもらってまとめればよいというわけではありません。ファシリテーター自身が**問題解決へのエネルギー**を持ち、チーム形成にチャレンジしたり、チームを鼓舞したりすることが大切です。必ず解決できると信じて行動することです。

　自分なりの解決策を持ちながらも、当事者同士が完全に納得し解決策に合意するよう導く。そして解決策が着実に実行されるところまで確認する。こうしたファシリテーターの役割は、そのままリーダーシップにも通じます。

　高く評価されているリーダーは、常にこうした目的志向や解決志向を持って行動しています。日々の業務でも成果を出しながらも、自分の所属チームや立場の利害だけではなく、会社全体のミッションやその先にいるお客様に向かって仕事をするというマクロな視点を持つ。こうしたバランスが、まさに必要とされています。

図02. 議論を構造化するファシリテーター（筆者）

3 ファシリテーションが効果を上げる場面
Applying Facilitation

ファシリテーションはさまざまな場面で応用できます。目標の達成に向けて複数の人が考え、行動するほとんどの場面で、ファシリテーションの考え方が効果を発揮します。いくつか典型的な場面を、その中で交わされる会話とともに見ていきましょう。

Case 1 複数のメンバーでの会議

たとえばトラブルが起きた時に、複数の人間が会議をするとします。原因を想定し、「よし、じゃあこの分析をやってみよう」と話がまとまりかけた時、ファシリテーターは必ず質問をします。

なぜ、この分析が必要なの？
Why do we need this analysis?

分析結果を必要とするのは、どんな行動をとるため？
The analysis is needed to take "what" kind of action?

分析の成果物のイメージは？
What would the deliverable look like?

どのくらいしっかりやる？　かける費用や日数は？
How deep do we need to analyze? How much cost and time can we afford?

本質的なポイントから確認程度のことまで、こうした質問を通して全員の考えを確認し、内容をホワイトボードなどに書き始めると不思議なことが起きます。**It's not what I meant. Wanted to say...**「おいおい、そういう意味じゃないんだ。俺が言いたかったのは…」と言い出す人が必ず出てくるのです。

こうした質問をすると組織の中では、「そんな質問……こいつ分かってないな」と思われるのではないかと心配する人もいます。

しかし、こうした確認や共有を怠った結果、理解がバラつき、しばらくしてから議論が蒸し返されてしまうことが多いのです。こんなことがないよう、最初に**ズレを確認した上で**、「**なぜ**」「**何を**」「**いつまでに**」「**誰が**」実施するのかを共有します。結果、全員の参画意識やコミットメントも高まります。

Case 2 日常業務での上司と部下

ケビン：マレーシアのセールスが、思ったほど伸びていません。マーケティング予算をもう少しインドネシアに集中させたほうがよいのではないでしょうか。

ボ ス：考えを共有してくれてありがとう、ケビン。そうした場合、マレーシアとインドネシア、それぞれにどんな影響が出るかな？

ケビン：何日かいただけますか。両国への影響についてまとめて報告します。

ボ ス：頼むよ。ところで、影響をまとめる時、どんなことに注意すべきかな？

ケビン：えーと…。

ボ ス：今年のチームの目標はなんだっけ？

ケビン：既存のお客様は最大限維持しながら、新しい市場、お客様の開拓に注力すること……あっ、ということはマーケティング予算の配分変更が、目標にどう影響するかということですね？

ボ ス：そうだ、常に目標と自分がやっていることの関係を考え、報告をまとめてくれるかな。

ケビン：はい、分かりました！

このような会話の中で注意すべき点は、上司がケビンに対し、理由を詳しく考える**よう促している**部分です。ケビンが考えているのは、マレーシアからインドネシアへの

マーケティング予算の配分変更です。

　ケビンは、「マレーシアのセールスが伸びていない → マーケティングをしても効果がない → であればインドネシアにその費用を投じたほうがよい」と考えていたので、ボスはケビンに改めて目的志向で考えさせる必要がありました。ボスは、**どのような視点（評価軸）を持つべきか考えるように促している**のです。この会話文の中で、ボスがした特徴的な質問を抜き出してみましょう。

そうした場合、マレーシアとインドネシア、それぞれにどんな影響が出るかな？
If you do that, what would be the impact on Malaysia and Indonesia?

影響をまとめるとき、どんなことに注意すべきかな？
What point do you have to care to summarize the influence?

　これはまさに「自分で問題を見つけ出させ、解決に向けて考えるよう促す」というファシリテーションです。1対1の場面ですから、**質問をしながら、相手の考えを促し、質を高めるコーチング**ともいえるでしょう。

Case 3　関連部署とのやり取り

> **サイモン：営業　ジョン：物流**
> **サイモン**：大勢のお客さんが配送遅れで文句を言ってきてるぞ！　いったいどうなってるんだ？
> **ジョン**：サイモン、数字を一緒に見てみよう。毎月の配送状況をまとめてみた。どう思う？
> **サイモン**：こりゃ面白い。なんで配送が4週目に集中しているんだ？
> **ジョン**：理由は分からない。一緒に考えてみよう。
> 　（数字をプロジェクター等で映し出す。）
> **サイモン**：（つぶやきながら）去年ルール変更をしたのに、まだ営業が最終週に押し込んでいる……いや営業のオーダーの仕方が……お客さん側が月末に状況を見直してるからじゃないかな。倉庫の能力を超えた配送、休暇シーズン

前だからか…。よし、4週目に集中していることについて、いろいろ理由がありそうだということまでは分かった。まずはこうした仮説が正しいかをデータを見たり、現場にヒアリングしたりして確認してみよう。

上の会話では、担当者2人が考えながら話し合うことで、「営業対物流」という構図ではなく、「配送が遅れている理由」に話題が転換していきました。このようなやり取りも、まさにファシリテーションです。この中でもっとも大事なやり取りは、ジョンが準備した現状を客観的にまとめた資料を見て、ジョンが自分の考えをぶつけるのではなく、「どう思う？」と質問をした部分です。What do you think? という一言で、サイモンがデータを見ながら考え始めたのです。

お互いの意見をぶつけたり、非難に終始するのではなく、**問題の当事者として、目的と熱意を持って問題解決に立ち向かう**。会話のなかで、「もう少し詳しい情報を集め、その上でもう一度話し合おう」という発言が出れば問題解決まであと少しです。

図03. ファシリテーションが役に立つ場面

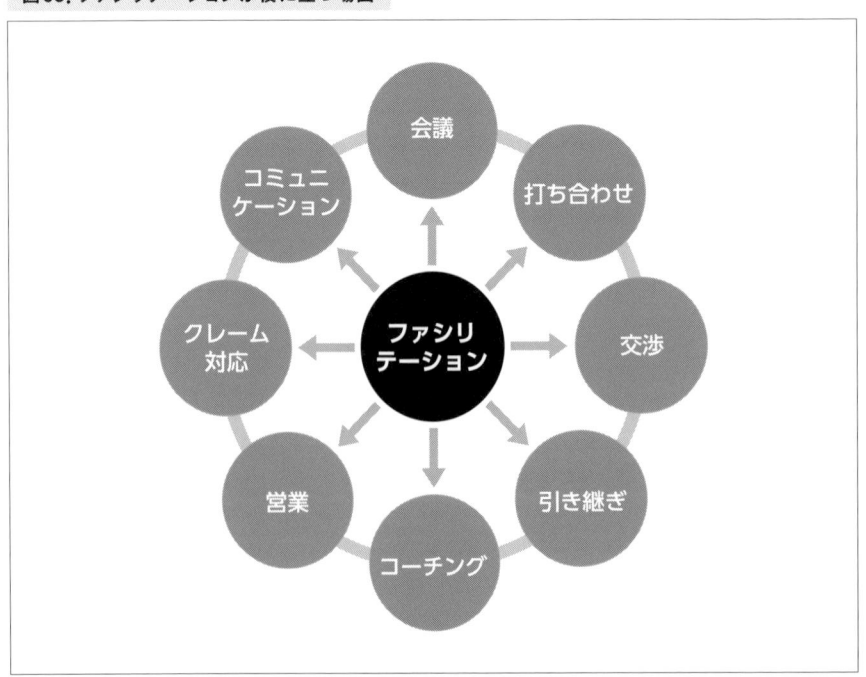

この2つの例の他、ファシリテーションはさらに応用することができます。図03に、役立つ場面をまとめてみました。もちろんこれは一部です。他にも1対1、1対複数も含めた、業務のさまざまな場面で使えるはずです。

ファシリテーションとは問題解決です。「何の問題を」「なぜ」「どのように」解決するのか。そして「誰が必要」で「いつやる」のか……という「5W1H」的な思考が必要です。

通底しているのは、「目的」と「目標（ゴール）」です。何のために集まるのか、私たちの「目的」をしっかり確認します。そして、その目的に向かって進むにあたり、どこまで進んだらよいのか、具体的な目標を決めます。

目的と目標が定められたら、議論しアイデアを出し、そして意思決定をして、実際に行動します。その結果を振り返り、どこまで目標（ゴール）に近づいたかを確認します。想定した状況でない場合は、その理由を考え、軌道修正をして、また目標に向けて自分たちの位置を確認する。

これはまさにビジネスにおける PDCA = Plan（計画）→ Do（実行）→ Check（評価）→ Act（改善）の流れです。こうした流れの中で、ファシリテーションのスキルはすべての局面で応用ができる基本的な仕事の進め方につながっています。

ファシリテーションがスキルだとしたら、そのスキルを使って何がしたいかというマインドが必要です。スキルだけでは仕事はできません。スキルを使って、何を解決したいのか、どのような状態（ビジョン）を達成したいのかが重要です。

仕事の中では1人ひとりが、将来について色々なことを考えているはずです。期待している人、不安な人、こうした1人ひとりの思いさえも引き出しながら、全員で同じ方向に向かうように導く支援をするファシリテーターになってください。

CHAPTER 2

ファシリテーターの基本動作

ABC's for the Facilitator

CHAPTER 2 では、ファシリテーターの基本動作について解説します。ファシリテーターとしての考え方や振る舞い、スキルを理解しておきましょう。この基本動作を確実におこなうだけでも、会議や打ち合わせの効果・効率が格段に上がるはずです。

　ここではファシリテーターの基本について「心技体」という切り口から、14 の基本動作として解説します。14 の基本動作は、それぞれ「質の高い議論をする」「場を活性化させる」「時間内に終了させる」「終了後のアクションを確実にさせる」という大きな目的に沿って説明されます。

■質の高い議論をする
- 参加者をリードする
- 参加者から最大のものを引き出す
- 議論を発展させ、まとめる質問をする
- 議論の経過を「見える化」する
- 確認（サマリー）で議論を積み上げる
- 議論のプロセスを確認する
- より高い成果を目指してチャレンジする
- 参加者との関係に注意する

■場を活性化させる
- 参加者の状態を正しく読む
- 戦略的に休憩を活用する
- 問題行動に対処する

■時間内に終了させる
- 経過時間を都度確認する
- アジェンダや目標を修正する

■終了後のアクションを確実にさせる
- 記録されたものを素早く共有する

1 基本:ファシリテーターの「心技体」

Principle: The Mind-set, Skills, and Appearance of Facilitators

　ファシリテーターの基本を「心技体」という枠組みで整理しましょう。これから解説する基本動作や CHAPTER 3「ファシリテーションの6つのステップ」のすべてに通じるものとして心がけてください。特に「心」の持ち方や表現は、周囲からのファシリテーターの評価に大きく影響します。日本だけでなく、海外でも優秀なリーダーはしっかりした心を持っています。

心（価値観）:Mind-set

> ファシリテーターは、あくまでも黒子として、問題解決と成功を第一に考えます。
> 参加者の多様性を尊重し、最後に必ず成功するという信念を持ち続けましょう。
> 成功は自分の手柄ではなく、チームの功績です。

　ファシリテーターは会議の中で多くの情報を知り、壇上に立ち、議論を裁き、問題を前進させます。ずいぶん特別な立場にいるようにも見えます。自分が会議の主役だと誤解してしまうこともあるかもしれません。しかし、主役は会議の参加者です。**ファシリテーターとしての成功は、参加者に必要以上に存在を感じさせないこと**です。実際の利害関係者や役職者がファシリテーターを務めることが難しい点でもあります。

　また、参加者の多様性を尊重する姿勢も大切です。特に海外では、机を叩きながら全員を脅すような態度で演説をする人や、どんなにたしなめても他人を遮って自分の意見を滔々と語り続ける人など、さまざまな人と出会います。詳細の議論では非常に賢いのに、全体像がどうしても理解できない人もいます。阿吽の呼吸で慣れ親しんだ、日本人の同僚とは当然勝手が違います。

　しかし否定的な感情を持ってしまうと、表情や質問の順番に出たり、アイコンタク

トをとらなくなったりと、知らず知らずのうちに中立性が失われてしまいます。結果的に参加者が、参加者であることをやめてしまう＝貢献するための発言がなくなってしまっては最悪です。会議の場では、さまざまな参加者が持つ**多様性こそ価値がある**と信じ、意図したことと違う発言をする人こそ、必要な人たちだと考えましょう。

そうして苦労して会議が成功したとき、「自分がやった」とついつい考えてしまうかもしれません。しかし、それは参加者の功績です。

実際、筆者が海外で出会ってきた素晴らしいリーダー、素晴らしいファシリテーターたちは、参加者を称える姿勢を強く打ち出します。

ある多国籍企業の、生産拠点についての意思決定の会議でのことです。大もめにもめた難局を乗り切り、最後に全員が納得する意思決定を導く名人技を発揮したシンガポール人の人事部長は、最後にも得意顔を一切見せませんでした。そして、参加者の貢献を称える発言を短くして、生産担当役員に最後の締めくくりの一言を促しました。生産担当役員は数分の短い挨拶で同様に参加者の貢献を称え、そしてこれからしっかり実行して成果を上げようと述べました。そして、一言「今日は素晴らしいファシリテーターのおかげで、良い議論と結論ができた。ありがとう」と締めくくり、参加者全員がファシリテーターに拍手喝采し、会議は終了しました。

異なる国の製造拠点の代表者も含めた生産本部全体が一致団結した場面に同席でき、ファシリテーターだけでなく、参加者全員が議論に向かう姿勢に感銘を受けました。

ファシリテーションは、スキルです。経験を積めば必ずある程度までは向上させることができます。しかし、基本をマスターした後に、「よく声がかかる」ファシリテーターとなるためには、スキルだけでは不十分です。情熱、姿勢、献身等の心の部分が大変大きく影響します。

➡ 使える言い回し

今日良い意思決定ができるよう、支援することにコミットしています。
- Ⓕ I am committed to support delivery of good decision today.
- Ⓢ I am here for our success today.

今日は全員で良いミーティングをしましょう。
- Ⓕ Let's all have a good meeting today.
- Ⓢ We do a good job today, OK?

参加者1人ひとりの考えや意見を尊重します。
- Ⓕ I respect ideas and opinions of each single participant.
- Ⓢ I respect your opinion.

今日は最高の仕事をしたね！
（会議の最後に良い結果や次のアクションにつながり、参加者も満足しているときに）
- Ⓕ We all did a great job today!

＋ワンポイント

　本書では、文法的に正しい英語よりは、ファシリテーションの目的を達成するために最低限必要な英語、という視点で、フレーズにフルバージョンⒻとショートバージョンⓈの2種類を併記します。「正しい英語で言うには…」と頭で考えていたのではファシリテーションはできません。逆に、単語のぶつ切りであっても、十分通じます。むしろこちらのほうが効果的であることもあります。

　本項のフレーズでは、**OK?** です。OKはもう日本語の一部ともいえますよね。時に応じて、**OK?** と確認するだけで、参加者の表情に変化が生じたり、実際に **Ahh, can you wait? Could not understand the point.**「えっと、ちょっと待ってくれないかな。さっきのポイントがよく分からなかった」などの発言を引き出すことができます。

　たとえば、この **OK?** を、英語として正しい文で言おうとして考えるよりは、たとえ **OK?** のひと言になったとしても、確認という目的を達成する実利にこだわりましょう。ちなみに、文にして **Are you OK?** でも十分簡単ですね。

　逆に気をつけたいのが、ファシリテーターが慌てたように **OK? OK?** と必要以上に連発してしまうことです。参加者を見渡し、十分な間をとって、ひと言 **OK?** と訊きましょう。

技：Skills

心技体の「技」とはスキルのこと。「問題解決のためのスキル」「効果的なコミュニケーションのスキル」「ファシリテーションに必要な小道具やツールを使いこなすスキル」の3つが求められます。

ファシリテーターは基本的な問題解決スキルを持たなければなりません。
　まずロジカル・シンキング、クリティカル・シンキングが挙げられます。たとえば会議の場で、表面的にデータを見ただけで一方的な結論に流れてしまいそうなとき、参加者に「本当にこの方向で考えることがよいのですか」と問いかける必要があります。
　また、考えていることを分かりやすく伝えるコミュニケーション・スキルも必須です。参加者全員が「自分が尊重されている」と感じられ、説明が分かりやすく誤解がないこと。論理的な能力だけでなく、人としてのウェットな側面が必要になり、スキルとして習得する部分も十分あります。
　議論の整理や分析のためのファシリテーション特有のツール類も、目的に沿ったものを適切に使用して、時間効率を上げ、良い議論につなげます。
　「技」について重要なことは、何を知っているかでなく、実践で使うことです。そのためには経験を積み重ねることが必要です。

➡ 使える言い回し

ご意見の裏にある前提は何ですか？
- Ⓕ What is your assumption behind your opinion?
- Ⓢ Your assumption is?（語尾のisを少し上げる）

これは直接の結果ですか、それとも間接的なものですか？
- Ⓕ Is this a direct or indirect result?
- Ⓢ Direct result? Indirect?（2つを対比するように間をとって）

なぜそう言えるのですか？
Ⓕ Why can we say this?

これはご自身のお考えですか、それとも事実ですか？
Ⓕ Is this what you think, or a fact?
Ⓢ Your idea, or a fact?

＋ワンポイント

　たとえば、**Your assumption is people pay high price.**「あなたの前提は、人々は高い値段を払うということです」という文があったとします。この文を、しっかり文として完成させて疑問文にすると、Is 'people pay high price' your assumption? となります。

　こうした直接的、かつ Yes か No かを尋ねるような質問には、2つのリスクがあります。ひとつは、この文の中での「人々は高い値段を払う」という部分がもし間違っていると、その間違いを聞いたことで、相手が感情的になったり、「こいつ分かってないな」と考えたりするリスクです。

　もうひとつは、Yes か No かを尋ねることで「どうなんだ？　どっちなんだ？」という詰問調に聞こえることがあるというものです。

　いずれの場合も、質問をする人との関係を硬くしたり、損なう可能性が出てきます。そこで、**非完全の文にして、肝心の尋ねたいところを相手に言ってもらう**ようにするのです。**Your assumption is...?** と、is 以降があたかもあるかのようにして、is を気持ち少し強く発音しながら疑問文として語尾を上げる。こうすることで、その先に出てくる情報を、訊かれた側が自分の表現で作ってくれるという効能が出てきます。

　たとえば、こうした非完全文で、is の語尾を上げながら相手の顔を見ると、相手がその後を継ぐかのように ...is people do not simply look for cheap price. That's what I wanted to say.「というのは、人々は安値だけを探してるわけではない。それがオレが言いたかったことなんだ」と、自分でもう少し付加情報がついた表現で語ってくれるでしょう。

　別の言い方として、So you are saying "..."?「あなたの言っていることは…ですね」という表現で確認を求めることもできます。

体：Appearance

「体」とは振る舞いのことです。自分がどう見られているかに気を遣いすぎず、自然体で自分らしく振る舞うこと。常に参加者に配慮すること。そして、伝えるためにボディランゲージを効果的に活用しましょう。

心（価値観）、技（スキル）が揃ったところで、最後に必要になるのが体（振る舞い）です。ファシリテーション初心者の多くは、大変緊張します。確かに、自分より役職が上の方に質問を投げかけたりするのは、ときにハードルが高く見えます。

しかし、自分が参加者の立場だと想像してみてください。多少であれば、言い間違いや進行手順の戸惑いも、参加者にとっては大した問題ではないはずです。多くの場合、ファシリテーター本人が気にするほどには、ファシリテーターの存在やリードする際の説明の細かい間違いを**参加者は気にしない**のです。

また、ハキハキと声を出し、動作を大きく、テキパキと手際よく動いて……などと考えすぎる必要もありません。ファシリテーションのスタイルに唯一の正解はありません。それぞれ個性があって当然だとゆったり構えることで、自然と動作や立ち振る舞いも落ち着いてくるはずです。

ファシリテーションをする際には、参加者に発言を促すだけでなく、机から離れて前に出てもらったり、壁に貼ったフリップチャートの周りに集まってもらったりと、**身体を動かしてもらうことも効果的**です。

図04. ボディランゲージを活用する

実際に身体を動かしてもらうコツは、ファシリテーターが同じ動作をしたり手を使ったりすることです。たとえば「みんな、前に来てください」と言う際には、あらかじめ数歩参加者のほうに寄っておきます。それから「さぁ、前のほうに」と手のジェスチャーをしながら、自分自身が前のほうに動くのです。こうすることで参

加者もアクションを起こしやすくなります。

　ボディランゲージ（body language）も活用してみましょう。議論の収拾がつかなくなったとき、言葉だけで Quiet, please.「静かにしてください」と言ったところで、なかなか落ち着かないものです。そんなときは、一番大きな声を上げている参加者のところにあえて歩み寄る、大きく手を広げる、拍手のように大きく手を打つなど、実際に身体を使ったコミュニケーションが効果的です。特に海外では、日本でやるよりも大げさにしてみることをお勧めします。

　最後に重要なことは、日本的な「気遣い」も含めて、その気遣いをしていることも、伝わらなければ相手には分からないというシンプルな事実です。たとえば、どれだけ発言者に配慮して進行しているつもりでも、発言者を一度も見ないで進行するファシリテーションをされたら、あなただったらどう感じますか？

　発言している人のほうを向く。できればしっかり目を見る。何か言いたいことがありそうな人のほうを向き、少し視線を合わせたり、促すように手を差し向ける。こうした身体による表現で、相手はあなたからの配慮を感じます。あえて言うと日本的な気遣いですが、こうした配慮は、言葉を超えて、身体だけで表現することも十分可能です。

➡ 使える言い回し

ジョン、君の考えを全員と共有してくれないかな？
（反対意見を言っているが、ひそひそ話のように自分の隣の人だけに話をしている、ジョンのそばに少し近寄りつつ、「意見があるんだね、ぜひ教えてくれよ」というような表情で）

Ⓕ John, can you share your thought with all of us?
Ⓢ John, your idea, please.

一度にひとつのことに集中しよう！
（脱線が多くなりかけてきた時、少し大きな声で）

Ⓕ Let's focus on one thing at one time!
Ⓢ One by one!

少し伸びをして、気持ちを切り替えようか。
（実際に自分から伸びをして、参加者にも促すように）

Ⓕ Let's stretch for a minute. We can refresh our perspective!

Ⓢ Let's stretch and relax!

前に来てもらえますか？
（参加者にフリップチャートに書く準備をしてもらうときなどに）

Ⓕ Can you all come up to the front?

ちょっと休憩しますか？
（少し疲れたねという表情で）

Ⓕ Let's take a quick break.

創造的に考えてみよう。
（両手を広げるように上げながら）

Ⓕ Let's think out of box!

＋ワンポイント

　振る舞いとしての身体についての英語を話す時は、目的とすることと言葉のトーンを合わせます。ストレッチをしてリラックスしようという時に、発音がソフトで、何を言っているのか分からないようだと、そもそも伝わりません。

　たとえば「これを見てください」とスクリーンに映し出されたグラフを指すときには、たとえレーザーポインター（laser pointer）があったとしても、**This graph.** と言いながら身体もそちらに向けて、手をしっかり上げて指し示すようにしましょう。

　例文にある **out of box** は、箱に閉じこもらず、いろいろな前提や制約を取り払って考えてみよう、という時に使う表現です。

2 参加者をリードする
Leading Participants

> 議論の進め方では、参加者自身で考え、話してもらい、次に進むかどうか合意してもらうことがポイントです。そのために、場をしっかりコントロールし、誤解なく議論を進める必要があります。具体的にどう進めるかを分かりやすく参加者に伝えて、全員同じ理解のもとで議論を進めることは、もっとも大切な基本動作です。

　会議の冒頭で目的や段取りを話したり、意思決定の進め方について話したりと、ファシリテーターの第一歩は、参加者に何をしてほしいかを「言う」ことです。そして、議論がめぐる中で、冷静に現状を話し、話題の焦点を合わせるよう「伝える」ことです。このようにしっかり言い、伝えるには、いくつかの心がけが必要です。

言葉は分かりやすく

　平易で分かりやすい言葉を用います。繰り返しや、二重否定の言い回しは避け、シンプルで、「何をしてほしいのか」が具体的に分かるような話し方をしましょう。そして、説明や依頼は一度に1つ。2つ以上の場合は、必ず1つ目が終わってから次に移ることを明確にするなどして、メリハリをしっかりつけましょう。

　特に作業をお願いする際にいろいろ同時に説明すると、必ず混乱します。日本語でも同じですが、英語が母国語ではない人との会議は**シンプルな表現が一番**です。

　英語で話をする場合に気をつけたいのが、言いたいことを最初に述べることです。特にアジアなど非英語圏のメンバーが入ったときは、できるだけ短い文で、言いたいことを先にするというのが原則です。

➡ 使える言い回し

では、進め方を説明します。
- Ⓕ Now, I'm going to explain how we will proceed.
- Ⓢ So, the process.

3つやることがあります。
- Ⓕ There are 3 things we have to do.
- Ⓢ 3 things to do.

2番目の点は、「……」ということです。
- Ⓕ The second point is "...".

次の項目に移りますが、よいですか?
- Ⓕ Let's move on to the next topic, can we?
- Ⓢ Next, OK?

＋ワンポイント

　分かりやすい表現のためには、長文、重文を避けて、シンプルな文を2つにして言うのもよいでしょう。また、「3つある」と、まず数字で挙げておき、最初のポイントを説明した後に、「2番目のポイントは」などと明示するのも効果的です。

視覚に訴えかける

　参加者が5人いたら、必ず1人や2人は話を十分聞いていなかったり、指示を誤解したりするものです。そこで、**話す際には視覚にも訴えかけましょう。**パワーポイントやフリップチャート等を活用して、これから何をするか、参加者は何を期待されているか、どんな形にまとめたいか、などを見えるように説明します（詳しくは「見える化する」の項で触れます→57ページ）。
　そしてもう1点有効なのが、前の項目でも取り上げたボディランゲージです。たとえ

ば「これから始めます」と伝える際には、軽く手を上げたり、ホワイトボードやフリップチャートに近づいたりして、身体で示すのです。ボディランゲージといっても、大げさに身体を動かしてくださいというのではなく、必要なことは身体も使って表現しましょうという趣旨です。

➡ 使える言い回し

この枠組みを使ってください。
（そう言いながら、フリップチャートに書かれた枠組みを指差す）
🄵 Please use this framework.

さぁ、今から始めてください。
（nowに力を込めて、手を前で振りながら）
🄵 OK, let's start now.

時間です！
（手を頭の上で大きく振りながら）
🄵 It's time!

＋ワンポイント

　話すことも大切です。もちろん英語で。一方で、私たちが得る情報の8割以上は、実際には目から入ってくるとも言われています。ジェスチャーなど身体を動かし、視覚に訴えることで、言葉が拙くても参加者をリードすることは十分可能です。

話してもらいたい人を特定する

　ファシリテーターが議論をリードし、自然発生的に議論が盛り上がるのは良いことです。議論をリードするという点では、流れの中である特定の人の考え方や情報が必要になることがあります。そうしたときに、スムーズにその方から考えや情報を引き出すためのコツは、まず**話を聞きたい人を最初に特定する**ことです。そして、一方で

はその方にしっかり考える時間を作ることです。

　たとえば、営業の意見を聞きたいときに、「では次に営業のジョンから意見を聞いてみましょう」と、「営業」だけでなく、参加者である「ジョン」という名前をまず出すのです。こうすることで、次に話をするのはジョンであるという明確なメッセージを参加者に送ります。こうすれば営業ではない人、ジョン以外の人が口を挟んでくるリスクを避けることができます。

　そして一方で、ジョンには「自分が意見を言う必要があるんだ」という状態になって、しっかり考えや情報を出してもらう必要があります。たとえ事前に打ち合わせをしてあったとしても、ジョンも議論の流れに乗り切れていないこともあるかもしれません。そのためには、「さぁ、ジョン、ここまで A という話と B という話について議論をしてきたよね。それには、C という考えと D という考えが出てきた」と、簡潔にここまでの議論のまとめをすることで、ジョンに改めてどのような状況にいるのかを再確認してもらいます。

　そして「その上で、ジョン、君には営業の現場の実態として、我が社の顧客が、ふだんサービスについて一番気にしていることを、皆に共有してほしいんだ」と、ジョンにどんな考えや情報を求めているかを明確にした質問をします。

　こうしてジョンはここまでの議論を確認し、自分が何を求められているかを理解し、この一連の流れの中で自分の頭もある程度整理できた上で発言することができます。

　こうした流れを作りながら、ボディランゲージも使って、たとえばジョンのそばに立つなど、「ジョンに話してほしい」ということを明確にするとよいでしょう。

➡ 使える言い回し

ジョン、営業としての意見を教えてほしい。
(最初に話を聞きたい人を特定するように)

- John, as sales, I need your opinion.
- What does sales think, John?

今までの話をまず簡単に確認してみよう。

- Let me summarize our discussion so far.

Ⓢ To summarize, ...

ではジョン、お客さんが当社のサービスについてなんと言っているか教えてくれ。
Ⓕ Now John, can you tell us what our customer talk about our services?
Ⓢ Now, John, about our customer's voice on our services?（語尾を上げて）

反応を待つ

　質問をした後に、誰もその質問に答えようとせず、場がシーンとしてしまうことはよくあります。そんな時、慌てたり、しどろもどろになって、誰かになんとか口を開いてもらおうと焦りがちです。

　参加者が誰も口を開かないとき、その理由はいくつもあるものです。「えーと、今なんて訊かれていたっけかな」と、質問自体について考えている状態かもしれません。「言いたいことがあるんだけど、でもこんなこと言い出して大丈夫かな？」と、周りを見ている状況かもしれません。こうした状況は日本人だけの会議でなく、海外のメンバーも参加した会議でもよくあることです。

　空白時間を長くしすぎると誰かを責めているようになりますし、全員が黙り続けるのもよくありません。しかし、**ゆっくり溜めを作り、意図的に数秒くらい待ってみてください**。そのほうが、意見が出やすいですし、「このファシリテーターはしっかり待ってくれる」という印象も持たれます。

　その上で、この場所はどんなことを言っても尊重される場であることを、言葉でも表情でも伝えながら、具体的に数名の名前を出して、発言を促してはどうでしょうか。

➡ 使える言い回し

このポイントについて意見のある方はお願いします。
（答えがなくても、しばらく待ちながら、ゆっくり参加者を見る）
Ⓕ Anyone who wants to say something about this point?
Ⓢ All agree on this topic?

たとえば、賛成・反対という一言でもいい。
- Ⓕ "Agree!" or "Disagree!", just one word is OK.

よく分からないところがある、ということでもOKだ。
- Ⓕ If there is anything you don't understand, you can also tell us about it.
- Ⓢ "I don't understand this point" is OK, too.

この場は、誰のどんな意見も尊重する場だ。
- Ⓕ This is a place where anyone's any opinion is respected.
- Ⓢ Any other opinions are welcome.

どんな意見も会議への貢献だ。
- Ⓕ Any opinion is a contribution to the meeting.

立っておこなう

　日本では、参加者が少数（10人以下程度）の会議の場合、司会者が前に立つことは稀かもしれません。しかし、筆者はたとえ3名の会議でも、立ってファシリテーションをします。

図05. ファシリテーターもメンバーも立って議論する

　大きなトラックやバスの運転席に座ると、見通しが良くなります。同様に、ファシリテーションをする際にも、視点を他の参加者より高くすることで全体の見通しが良くなります。ボディランゲージもしやすくなるはずです。なにより、ホワイトボードやフリップチャートを使うためには、立ち続けていたほうが便利です。

参加者を威圧するのが目的ではありませんが、議論の進め方という点では、立ってファシリテーションをすることで、ファシリテーターがリードしていることをより明示的に見せられます。「ああ、今日はあいつがファシリテーターをやっているんだから、進行は任せておこう」と、参加者が自覚してくれる利点があります。

　また、議論が盛り上がってくるタイミングで参加者に立ってもらうと、さらに議論が進むことがよくあります。しばらくは参加者だけのやりとりに委ねるのもよいでしょう。図05は、最初は全員が座ってモニターの数字を確認していた会議です。営業の数字を確認するうちに議論が白熱し、自然と全員が立ち上がって議論を続けました。

➡ 使える言い回し

いい視点だ。フリップチャートに書いておこう。
(そう言いながら、フリップチャートに書いて、内容を確認する)
- Ⓕ Interesting perspective! Let me note it on the flip chart.

ここまでの議論について、なにか問題はありますか?
(そう言いながら、参加者全員をゆっくり見渡す)
- Ⓕ Do you have any concerns about our discussion so far?
- Ⓢ Any concerns so far?

ちょっと立って、フリップチャートを一緒に確認しましょう。
- Ⓕ Let's all stand up, come up to the flip chart and see what we have discussed.
- Ⓢ Stand up! Let's see the summary together.

3 参加者から最大のものを引き出す
Extracting the Best out of Participants

> 参加者からさまざまな発想や議論を引き出すのが、ファシリテーションの真骨頂です。その機能を十分に発揮するためには、参加者の考えを聞き切る傾聴の姿勢が効果的です。参加者が主役であるという考え方の延長にあります。

　あなたがファシリテーターを務める会議で、誰かに話を振ったとします。そこでほんの一言、二言発した参加者からすぐ次の方に進んでしまうと、場合によっては「この人は本当に私の考えに興味があるのだろうか？」と感じてしまうかもしれません。

　ファシリテーターが集中すべきことは傾聴（しっかりと耳を傾けること）です。傾聴（**active listening**）は、基本的には「質問（**asking**）」と「確認（**confirmation**）」によって成立します。質問することで、「興味がある」ことが示せます。確認することで自分の意見が尊重されたと感じてもらえ、また質問することで「考えを積み重ねる」ことができます。

　会話例をひとつ挙げましょう。

あなた：リチャード、新規市場にインドネシアを加えるのはどう思う？
　（リチャードのほうをしっかり見て）
リチャード：基本的にはよいと思うよ。
あなた：（なぜ、わざわざ「基本的には」と言ったのかな？）
　あまり良くない理由をあえて探すとしたら何かある？
　（立っているなら少し近寄って。座っているなら視線をキープして）
リチャード：うーん、あえて言うなら、最近都市部の治安が悪いので、物流拠点の場所じゃないかな。
　（話を遮らず、最後まで聴き、同時にポイントをフリップチャートに書きとる）
あなた：なるほど、リチャードの心配としては、都市部の治安ということか。

> （フリップチャート上のキーワードを指し示す。このことで、個人の意見から書かれた 1 つの意見へと変化させる）
> **あなた**：「都市部の治安」と書いたけど、これでいい？
> （話された内容を「確認」し、意見として積み上げる）
> **リチャード**：できれば、「都市部の治安と物流」って書いてくれないかな？
> **あなた**：（うなずきながら「物流」と付け加え、さらに積み上げる。そして参加者の中からこの点について意見がありそうな人を見つける、または事前準備から想定してその人に意見を振る）
> **あなた**：じゃあ、サイモン（リチャードとのやり取りを見ながら、明らかに自分の意見を言いたそうにしていた）は、今のリチャードのポイントも含めてどう思う？

こうして、ある意見の深掘りをするきっかけから、「だったら俺にも言いたいことがある」というように持っていきます。次々に意見を引き出しながら、全員が意見を言いやすい状況を作って議論を深め、参加者から最大のものを引き出すために振る舞うのがファシリテーターの取る行動です。

この会話では、最初の答えの中に深掘りのヒントである「基本的に」という一言を見つけました。そのヒントについてさらに質問をして深掘りします。また、キチンと意見を聞いたということでフリップチャートに書き足し、その答えを使って他の人に話を振り、記録を取り続ける。こうして議論が進んだ事実を積み重ねます。

できるだけ参加者全員とやりとりし、最後に出てきた意見をすべて確認して整理しながら、次の検討内容に移るわけです。

最初の質問 → 答えを深掘りする質問 → 内容の確認をする質問 → 他の人の意見も取り入れるための質問 → 全員に意見を聞くための質問（自然にお互いが聞き合うように持っていきながら）→ 全部が出たところで整理

この流れのカギになるのが、**良い質問をすることと、出された意見や議論内容を確認しながら進めること**です。こうして参加者全員が貢献をし、自分の言いたいことを述べるので、議論への納得度合いが高まります。

→ 使える言い回し

どの程度「はい」ということなのですか？
- Ⓕ To what degree, do you think "yes"?
- Ⓢ How much "yes"?（詰問調にならないように）

「…」と言いましたよね、なにか特別な意味でも？
- Ⓕ You just said, "…". Is there any special meaning?
- Ⓢ Anything special about "…"?

もう少し考えを付け加えることはありますか？
- Ⓕ Do you have anything to add to that?（特にanythingに抑揚をしっかりつけて）
- Ⓢ Any more ideas?

提案が通ったと、ちょっと思ってみてください。なにか問題が起こりますか？
（起こっていない状況を具体的に考えてみることで、さらにポイントを引き出す）
- Ⓕ Just suppose the proposal was accepted, what would be a problem?
- Ⓢ If this happens, what is a problem?

＋ワンポイント

　Just suppose... は「もし…だとしたら」という形で考えや本音を引き出す言い方です。Let's suppose... や Imagine if...、あるいは What if... などの別の言い方もあります。

　最後の文章 Just suppose the proposal was accepted にある was は仮定法の正式な文法では were となるのですが、単純に was を使う人はアメリカ人でもアジアの人でも大変多いです。文法を気にせず、という趣旨で、あえて was としました。

　シンプルな表現では、あえて現在形の表現を使ってみました。また、文字通りシンプルに、という意味では映画の字幕の例を考えてみるとよいのではないでしょうか。必要最低限の文章や単語だけで映画のストーリーが伝わる。そうした字幕表現の日本語と、シンプルな言い方には共通項があります。

　たとえば有名なのは、もはや古典となった映画『カサブランカ』の中でのハンフ

リー・ボガートのセリフです。「あなた結婚してたことはあるの?」というヒロインの質問に対する答えは、ひと言 Was. でした。そして、結婚が過去のものであったということで、今後のさまざまな展開を想像させます。文脈から明らかな場合には主語を省略する例は、映画だけでなく現実の日常生活でもよく見かけます。

特にアジアは多い印象があります。有名なのは、「できます」を一言、can で表現するシンガポールの英語（Singlish）です。「これできる?」という質問に対して、答えはどちらかです。Can. または Cannot. 主語も何もありません。

カタカナ英語で表現すると、「ケン」「ケノッ」となります。この2語だけで「できる?」「できない!」「できないの?」というやりとりをしていることもあります。"Can?" "Cannot!" "Cannot?" という具合です。

コラム：日本人の英語は分かりやすい

シンガポールの英語は、よく Singlish と呼ばれ、独特のアクセントがあると言われます。しばらく話していると慣れるものの、Singlish だけでなく、アジアやヨーロッパでは国によって、母国語のアクセントや音の影響を受けて、非常にクセのある英語が多いですね。

そんな中で「日本人の英語は分かりやすい」とよく言われます。抑揚がないので語感で伝えるのは不得手な方もいますが、発音にはクセがありません。本来あるべきアクセントも弱くなるのは問題とはいえ、少なくとも、とても普通（plain）に聞こえます。

アメリカ英語は非常に巻き舌で、前後の単語をつなげたりと、英語の中ではむしろ難しいほうに属するように思います。「アメリカ人が話した内容はよく分からなかったが、お前（筆者）の言うことはよく分かった」と妙に褒めて（?）もらったことは2度や3度ではありません。グローバルイングリッシュの不思議さだなと思いながらも、少しトクをしたと思う瞬間です。

言いたいことを、自信を持ってはっきり発音さえできれば、日本人の英語は聞き取りやすい。そう思っているアジアの人が大変多いということを覚えておきましょう。

4 議論を発展させ、まとめる質問をする
Asking Questions to Develop the Argument and to Create Consensus

> 議論を発展させ、まとめる上で必要なことは、どんな質問を、どの段階でするかです。質問を使い分けることで、広げた議論を収束に向かわせたり、議論を活性化させたりなど、流れを大きく変えることができます。

　ファシリテーションで活用する質問にはいくつかの種類があります。「議論を発展させる」ために発散（diverge）させる段階と「結論を出す」ために収束（converge）させる段階では大きく異なります。発展させる議論の時には、考えや意見が広がるような訊き方。収束させる議論の時には「この内容に賛成しますか」というように、答えがはっきりするような訊き方をします。

　また質問にあたっては、複数の参加者を巻き込むことも大切です。たとえば司会者的に Next, please.「では、次の方」と意見を聞くよりは、自然発生的に議論が活発化するような進め方が必要です。

　議論の進行に合わせた質問の選択で、効果と効率が大きく左右されます。基本は「発展」させ、閉じるために「結論を出す」の繰り返しです。

　ここでは代表的な4つの質問の種類と、その効果について説明しましょう。

オープン・クエスチョン Open Question

クローズド・クエスチョン Closed Question

巻き込みクエスチョン Redirecting Question

エコー・クエスチョン Echoing Question

Open Question　オープン・クエスチョン

Open Question とは、Yes/No のように「一言では答えられない」質問、考えそのものを聞く質問です。たとえば「この新しい営業地域のマネジメント方法の課題は何だと思いますか？」など、議論しているトピックについて、問題点や情報、個人の視点、賛成・反対の理由等を深く探ります。

オープンな訊き方をされると、参加者は少なくとも自分がどう思っているかについて、話をしなければなりません。また、自分自身の考えに基づいて話をすると、話し方のトーンや内容の中で、その人がまだ言い切れない何か——シグナルが表れます。そのシグナルを確認したら、本人や別の参加者に、さらに深掘りするように尋ねることで、議論はさらに進みます。

Open Question は会議や打ち合わせの前半で、アジェンダに沿って**議論を発展させたり、深めるために使うと効果的な質問**といえるでしょう。基本は、WとHの組み合わせです。

- Why（なぜ？）
- What（何を？）
- Which（どの？）
- Who（誰が？）
- When, By when（いつ？　いつまでに？）
- Where（どこで？）
- How, How much（どうやって？　どのくらい？）

会議の序盤で「W」と「H」の質問をすることで、さまざまな情報を引き出すことができます。引き出した情報は、結果への合理的側面や参加者の立場や感情などを考慮して議論を進め、議論を積み重ねて最終的には結論を出すための材料になります。

英語としても、最初に疑問詞で始まりますから、聞く内容がどんなことか非常に明快です。十分な議論ができている中では疑問詞ひと言で十分な時もありますから、使い方をマスターすれば英語でファシリテーションする上でのカギとなるでしょう。

➡️ 使える言い回し

離れているのはどんな顧客層かな?
- Ⓕ What segments of our customers are leaving us?

この提案についてどう思いますか?
- Ⓕ What do you think about this proposal?

どのラインが、一番ダメージが大きいんだい?
- Ⓕ Which production line has the biggest damage?

それはなぜ?
- Ⓢ Why so?

＊誰かの発言のすぐ後に。soはその発言全部を受ける。詰問口調になると非難と誤解されるので、トーンには気をつける

この提案が良い理由を教えてくれないかな?
- Ⓕ Can you tell us why this proposal makes sense?

あなたの考えを教えてください。
- Ⓢ Please tell us your idea.

どの組織が関わるべきだと思いますか?
- Ⓢ Which function should be involved?

＊英語でfunctionは、「機能」でなく「組織」を意味することがよくあります

これ、誰がやってくれるかな?
- Ⓢ Who can do this?

Closed Question　クローズド・クエスチョン

　Closed Question とは、Yes/No が明確になる質問で、絞り込みや意思決定につながります。

　会議の前半では、「本日の会議の目的に合意してもらい、議論をスタートしたい。よろしいですか？」といった具合に使います。また後半では、参加者の最終的な立場を確認し、このまとめに賛成できるか、明確な意思を聞いて収束させたいときに使います。

　クローズド・クエスチョンは、白黒がはっきりつくという点では効率的です。なぜなら「はい」「いいえ」など一言だけの発言でも答えになるからです。ただし、同じ「はい」でも十分な議論をして納得した上での「はい」と、詳細について知らないときの「はい」では、その質が異なります。

　特に、議論や納得が不足している時に拙速に、「次に行ってもよいですか？」「これでよいですね？」といったクローズド・クエスチョンをすると、参加者が消化不良になったり、進め方への不満・不信につながります。結論を迫る、という意味では脅しと受け取られることもあるからです。納得性の高いアクションにつなげるためにも、**十分な議論をしておいてから、最後に確認を明確にするようにクローズド・クエスチョンを使う**とよいでしょう。

　これらの質問は、答えようと思えば一言、Yes/No で答えられるものですが、収束させるだけでなく Open Question との組み合わせで使うことも可能です。たとえば口数の少ない参加者に、まず Just based on your gut feeling, would you be closer to 'agree' or to 'disagree'?「現段階での気持ちで結構です。どちらかというと賛成に近いですか、それとも反対に近いですか？」など Yes/No を尋ねておき、その上で Open Question により Disagree, OK. What is the biggest reason of disagreement?「反対なのですね。なるほど。では、一番大きな理由を皆さんに共有してもらえますか」などと広げることができます。

　またその逆に、オープン・クエスチョンをした後で、「もう出し尽くしましたよね？」という確認の意味で、軽いクローズド・クエスチョンを使うこともよくあります。状況が自明なときは、聞き方のトーン（声の質、表情）をあまり重くせずに、さっと確認して次に進みましょう。

➡ 使える言い回し

トムの提案に賛成ですか?
Ⓢ Agree with Tom's proposal?

その理由を少し聞かせていただけませんか?
Ⓕ Can you explain why?

なにか他にプランはありますか?
Ⓕ Do you have any other plans?

なにか確認したいことはありますか?
Ⓕ (Do you have) Any other questions?

全員この結論に賛成ですか?
(参加者全員の意見の確認。賛成ならば次に進む)
Ⓕ Do we all agree on this conclusion?

これで十分ですか?
Ⓕ Is this enough?

これですべて、もうこれ以上はありませんよね?
(オープン・クエスチョンをして、ひとしきり議論が盛り上がった後で)
Ⓕ This is all, we can't do any more, right?

このタスクを担当してもらえますか?
Ⓕ Will you take on this task?

Redirecting Question　巻き込みクエスチョン

Redirecting Question は1対多数の時に使う質問です。その**場により積極的に関与してもらうためのテクニック**です。

redirect とは、文字通り「再（re）・方向を出す（direct）」、つまりある点から別の方向に行く＝別の参加者を巻き込むこと。誰かが発した質問やコメントを、参加者の中の別のメンバーにファシリテーターが振っていきます。

たとえば営業が「この新商品の物流はどうなってるのかな…」とつぶやいているのが聞こえたら、「○○さん、新商品の物流が気になっているのですね」とコメントを確認し、次に「この物流についてですが、営業の方が気になっているようです。少し説明をお願いできますか」と引き取るわけです。

ときにはファシリテーター自身に「この解決策で、問題が解消すると思うの？」という厳しい質問が浴びせられることもあります。そんなときも You are still thinking if this solution is really effective or not, right?「まだこの効果について疑問に感じているのですね？」と、受け止めて内容を確認します。それから How about others? Tell us what you really think about it.「参加者の皆さんはどうですか？　率直な考えを教えてください」とグループ全員に振るのです。

こうすることで参加者を議論に巻き込み、結果的に参画意識も高めた上で結論を出す方向に持っていくことができます。ただし、誰かの質問を他の人に投げかけるときには、必ず最初の質問をした人の意図や狙いの確認を忘れないでください。

→ 使える言い回し

ケイティ、いいポイントだ。トム、君はどう？　サムは？
（誰かが発した質問を、別の人に答えてもらうように仕向けるときに使う）
🄕 Katy, that is a good point. Tom, how about you? Sam?

良い質問をありがとうございます。
（まずは質問してくれた貢献を認めるように）
🄕 Thank you for a good question.

Ⓢ Good question!

さて、どなたかこの質問に答えられますか？
（そして、あらためて見回して）

Ⓕ Well, anyone, can you respond to the question?

Ⓢ Can anyone?

Echoing Question　エコー・クエスチョン

　echo とは「エコー（山びこ、繰り返し）」の意味で、Echoing Question は意見や訊かれたことをそのまま相手に聞き返すことです。Redirecting Question や Echoing Question は、質問によって発言者からの質問やコメントなどを、自分（ファシリテーター）を経由して当の本人や別の参加者に戻すという意味で、ブーメラン（boomerang）と呼ばれることもあります。

　たとえば、「原因は、もっと別にあるんじゃないか？」と声を上げている参加者に OK, we have not yet listed all the potential causes, have we?「なるほど、まだすべての原因を洗い出し切れていないと思っているのですね？」と受け止め、Well, how much have we come so far?「では、どのくらい原因が洗い出せたと思われますか？」とか、If you have to say it by number, like percentage, how much?「数字で表すと、何％くらいは洗い出せていますか？」などと、その参加者の認識を尋ねます。こうすると質問の本当の意図を探ることができます。

➡ 使える言い回し

…ということは、正しいのかもしれませんね。
（言ってくれたことを認めつつ、しかしこの後に他の参加者に別の視点を問う）

Ⓕ You may be right saying…

まだいろいろあるのではないか、という意味ですか？
（話し手の言い足りないところをさらに引き出すように）

🇪 Do you mean there is still something more?

ご自身のお考えはどうですか？

🇪 What do you think?

（質問した人に、軽く自身の立場や意見を先に表明してもらうために。先に訊くことで、必要以上に場の流れに影響しそうだと思ったら、他の数人に訊いてから質問の当事者に戻る）

質問で議論が活性化する

　4つの質問の種類を例に、どうやって議論を発展させ、まとめ、納得させるかを見てきました。適切な質問と確認は、会議の雰囲気をダイナミックなものにします。誰かが発した質問をもとに、さまざまな人を巻き込むことで議論が活性化します。そして**自分たちで問いを立て、自分たちで答えを出していく**、こうなれば成功です。

　議論がうまくいけば、あとは飛行機を自動操縦するようなもの。その先は参加者間の自然な議論に任せます。脱線しそうなときに、元の議論に戻すよう誘導すればよいだけです。ファシリテーター上級者は、一言二言の質問でグループが自ら議論し、自分たちで整理し、自分たちで納得して結論を出すように仕向けていきます。

　当事者はすべて自分たちで進めていると思っているのに、よくよく注意してみると一言、二言ポイントでコメントしたり、全体に質問し、あとは発言の要旨を整理しながら、自分が前に出ず、フリップチャートに参加者の発言趣旨を書き留めているファシリテーターが、むしろ上級者といえるでしょう。

　欧米では質問で議論が活性化します。一方でアジアの国々、特にタイ、ベトナム、日本、韓国などが混在したチームだと、英語力や文化、国民性もあり、活発な議論に持ち込むのに苦労することがあります。参加者の一挙一動に注意しながら、きっかけを見つけて Open Question を活用し、参加者のペースを尊重しつつ、付箋などのツールも使って議論を広げます。

＋ワンポイント

　日本語でも英語でも、注意したいのは Why?「なぜ」の使い方です。「なぜそう思うのか？」では、ときに非難されているように聞こえます。そこで、別の言い方をして

みましょう。

　Please tell us the basis of your comments.「あなたのコメントの根拠を聞かせてほしい」や What makes you think so?「どうしてそう思うのですか？」という言い回しなら、やんわりと理由を尋ねることができます。…because I'm interested in it. などと付け加えて「ぜひ知りたいと思っているからですよ」というトーンを出せば、訊かれているほうも悪い気はしないでしょう。

　また、「体を使う」の項（→ 34 ページ）でも説明したように、質問をするときの表情や動作が大切です。ファシリテーターとしては、常に傾聴の姿勢です。責めているのではなく、考えを聞きたいのだという姿勢やトーンを心がけましょう。次の CHAPTER で詳しく説明します。

　また、ファシリテーションでは which をよく使います。「どの？」という趣旨でいくつかの選択肢を選んだり、組織を特定したりするときに使います。質問で明確にして進めるというファシリテーションに特徴的な単語です。

5 議論の経過を「見える化」する
Flip-charting the Process of Discussion

> 議論の内容や経過は常に「見える化」しましょう。見える化は、議論と並行して、カギになる言葉や情報を書き留めながら進めます。議論のアウトプットを積み重ねることで、達成感と同時に、議論がブレないように立ち返る場所を作ることができます。

ファシリテーターが質問と確認をするにあたって大切なことは「見える化（visualization）」です。見える化とは、具体的には、ホワイトボード（white board）やフリップチャート（flip chart）などに議論のポイントや枠組みなどを書いて、記録に残すことです。

「せっかく大事なことを言ったんだから。宝物を書き留めておかないと、空気に吸い込まれてなくなっちゃうぜ」。これは筆者の知人の達人ファシリテーターの言葉です。話が盛り上がっている瞬間には良い議論や情報共有ができたとしても、書き留められなかったものは、時間が経つと徐々に忘れられます。忘却を防ぐためにも、キーワードを中心に、端的に見える化することが大切です。

見える化のためには、次の3つが重要です。

- 簡潔に書く
- フリップチャートやホワイトボードを活用する
- 大きく見やすく書く

簡潔に書く

「見える化」は発言録を作ることではありません。発言者の言葉を、速記に近い形で一言も漏らすまいと書き留めている人をときどき見かけます。しかし、会議で結

論を出すにあたり、枝葉末節の発言を細分漏らさず記録することは逆効果。全員で見て議論を組み立てるために必要な部分を書き残すのが、ファシリテーションにおける「見える化」です。

たとえば、ある地域における住人の買い物行動についての議論の中で「場所」「時間帯」「曜日」などが議論の中心になったとします。そんな時はキーワードだけで十分です。

・普段の買い物場所　　Place
・時間帯　　　　　　　Time
・曜日　　　　　　　　Day

たとえば時間帯で議論が収まらなかったとすると、time ⟶ next meeting などとして、次回のトピックにすることも見える化します。

フリップチャートやホワイトボードを活用する

「見える化」の際にこだわりたいのが、紙に書くことです。ホワイトボードでも悪くありませんが、書いたものを貼り出して残せるフリップチャートや模造紙が便利です。

図06. 書いた紙は壁に貼って共有する

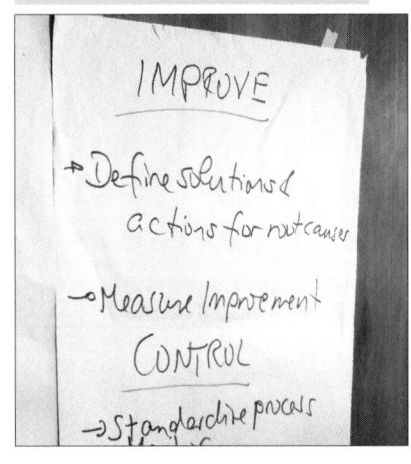

書かれたものを（ときに付箋を貼ったまま）丸めておいて、次の会議の際に取り出してみると、議論をしたときの光景がはっきりと思い出されます。

また、ホワイトボードだと、いっぱいになると消さなければいけません。フリップチャートや模造紙であれば、書いたものを壁に貼って残すことができます。こうして議論を見える化することで、すでに話した内容に戻らないようにできます。

確認も容易です。議論を書きながら整理すると、不思議なことが起こります。

参加者がフリップチャートやホワイトボードに書かれた内容を見ながら議論をするようになるのです。

　書かれたものを見ながら話すことは、客観的な議論につながります。また否定的な見解を示すときも、発言者個人に対峙するのではなく、**発言された内容そのものについて話をできる**という雰囲気が生まれるのです。

　これは見える化の効用で見逃されがちなことです。実際に会議などを見ていると、言葉だけで議論をして、ときには「書記」の方が、うつむいて必死に発言録のようなノートをとっている時は、参加者の潜在力が発揮されていません。議論も散漫になったり、堂々巡りに陥ることもあります。自由闊達な雰囲気をつくるためにも、フリップチャートに書きながらの議論をお勧めします。

　ところで、ここまで読んできて「フリップチャートって何？」と思われている方がいるかもしれません。簡単に言えば、大きな模造紙のことです。少し詳しく説明すると、模造紙程度の大きさの紙を数十枚束ねて、絵を描くときに使うイーゼル（三脚）のようなものに架けておき、1枚に大きく絵や説明、議論の内容をメモします。スペースがなくなると紙をめくって次の模造紙に書き続けるための小道具です。

　フリップチャートの、フリップとは **flip**「めくる」という意味です。チャートは **chart** で「図式化する」または「見える化する」というような意味で、この2つが組み合わさった **flip-chart** は欧米ではホワイトボード以上によく知られた会議のためのツールになっています。

　筆者が考える一番大きい利点は、**全体の俯瞰を可能にする**ことです。書いたものはそのままテープで壁に貼っておけるので、長時間の会議でも議論の内容を全部最初から眺めることができます。カギとなる議論やフレームワークなどが壁に貼られてあれば、常に「さっきこの議論をしましたが、その時は…でしたよね」と振り返ることができます。

　これは数時間になるような会議では特に効果を発揮します。また、会議の冒頭にお

図07. フリップチャートを活用する

こなう「この会議への期待と不安」などのセッションの内容も、書き留めて壁に貼っておくことで、常にそれを意識した進行ができるのです。

　ときには1人1枚のフリップチャートに意見を書いてもらい、それを全員で共有し合うようにしてみましょう。こうすると、他人の発言に左右されず、自分の意見をしっかり残すことができます。英語が苦手だったり発言が少なかったりする人も、考えを箇条書きなどで書き出せば、意見の類似点（**points of similarity**）や相違点（**points of difference**）が明らかになるのです。

　ヨーロッパ、アメリカ、アジア、日本からの参加者をまとめる必要がある会議で、全員が意見を主張し、どうにもならなくなった時がありました。その時、各地域に1枚のフリップチャートを渡し、その場でそれぞれの地域の考えをあるフレームワークに沿って書いて発表してもらいました。結果、実は根本のところは同じ考え方だったと分かり、あっという間に議論がまとまりました。

　ファシリテーションには、話したり書いたりだけでなく、効果的な小道具をタイミングよく使うというスキルもあるという好例です。

大きく見やすく書く

　フリップチャートを使うときは、**できるだけ大きく見やすく書く**ようにしましょう。マーカーは黒、青、赤と3色あると便利です。そして箇条書きをする際は、1行に1つの内容を書くこと。1つの内容を書いてから別の色のマーカーを使うと、意見の決定がはっきり見えて分かりやすくなります。

　また、付箋を活用する際には、離れた場所からでも見えるよう、できるだけ太いサインペンを使います。1枚の付箋には、たとえば too much time「時間がかかりすぎる」というように、1つの意見・考えを。キーワードだけで十分です。ただし、あまり省略しすぎてその真意が分からなくならないように気をつけましょう。

　「私は字が汚いので…」という方、ご心配なく。英語でファシリテーションをしていると分かるのですが、日本人が書く文字は90％の外国人の書く英語より読みやすいです。むしろ欧米人のほうが読みにくい…。彼らはもともとアルファベット文字の文化です。そもそも文字の画数も日本語と比べると格段に少ない。勢い、メモ書き程度のときには、よく分からない筆記体で、文字通り虫がクネクネしているような文字

になります。筆者はいつも自分の同僚のヨーロッパ人の書いたフリップチャートの解読に悩まされています…。反面、アジアの国の人々の文字は比較的（あくまでも比較的）欧米の方よりは判読しやすいと言えるのではないでしょうか。

　気をつけるのは大きさです。ある程度の大きさで書かないと、文字は読みにくいので、フリップチャートの枚数を気にせず大きく書きましょう。十分な枚数のフリップチャートを用意しておくのが、準備のコツです。

図08. 付箋にはシンプルに書く

➡ 使える言い回し

フリップチャートに書きますね。
（こう言ってフリップチャートに書き始める）
Ⓕ Let me make a note on the flip chart.

フリップチャートにプロ・コン（良い点と悪い点）をまとめてください。
（フリップチャートを渡しながら）
Ⓕ Please summarize the pros and cons on the flip chart.

いっぱいになったので、新しい紙にしましょう。
Ⓕ Let's work on a new sheet of paper – it's too busy.
Ⓢ Too busy, let's use new paper.

付箋にアイデアを書いてください。1枚に1アイデアでお願いします。
（付箋を渡しながら）

🄕 Will you write your ideas on a post-it? One post-it, one idea, please.

大きな文字で書いてください。

🄕 Will you write bigger?
🄢 Write big, please.

マーカー（太いペン）を使ってください。

🄕 Please use a marker.

＋ワンポイント

　文中で出てきた pros and cons は、メリット・デメリット分析として日本でよく使われる表現の、英語の言い回しです。もちろんメリット（merits）・デメリット（demerits）という言い方も可能ですが、筆者はビジネスの文脈ではあまり聞いたことがありません。

　それ以外には、plus and delta という言葉も挙げられます。プラスは文字通り良い点、デルタ（Δ）は三角形に見えるギリシア文字で「差分」という意味があり、まだ足りない点というような意味で使っています。

　蛇足ですが、本項の英文タイトルは Flip-charting the Process of Discussion です。名詞である flip chart を動詞として使っています。元々が、flip（めくる）＋ chart（書く）の合成語ですから。英語でもこうして2つの言葉を一緒にして、活用してしまうことがよくあります。

　「新しい紙」も、文法的に正しく言おうとすると、かなり長くなります。紙は数えられない名詞なので a sheet of paper が「1枚の紙」という正しい表現です。本書では、実務的に通じることを念頭に new paper（flip chart）で十分としています。

6 確認（サマリー）で議論を積み上げる
Building Consensus by Summarizing Constantly

質問を交えつつ議論を引き出す中では、話された内容を確認することが大切です。一般のコミュニケーションにおいても、一瞬だけ立ち止まって確認することで、さまざまな効果を感じられるでしょう。

確認（サマリー）には4つの価値があります。それぞれについて説明しましょう。

- 間違いや誤解を避ける
- 話し手の参画意識を高める
- さらに深い考えや意見を引き出すチャンスを作る
- 議論を積み上げる

間違いや誤解を避ける

正しく理解できているかを確認するためには、自分が理解した内容を頭で再構成して「○○が言ったことは、こういうことだよね」と言ってみましょう。

ここで「ちょっと違う」等の反応が出ても、「しまった、間違えていた」と慌てないように。人間は、分かり合っているつもりでも頻繁にすれ違いが起きるもの。それは人のコミュニケーションが、言葉だけでなく、「場」の雰囲気、相手の表情や勢い、自分自身の感情など、さまざまな要素から成るものだからです。

あえて言い換えて確認する作業には、「自分はこう理解したけど？」と伝える意味もあります。理解を確認することで、さらに細かい情報も明確にすることができるわけです。むしろ「ちょっと違う」という反応には、「しめた」と思いましょう。

➡ 使える言い回し

今おっしゃったのは、「……」ということでよいですか?
(そのままオウム返しでもよいですし、多少言葉を変えてもOK。あなたの言ったことを理解したい、という表情で)

Ⓕ You just said, "…" – did I understand it correctly?
Ⓢ "…", correct?

別の言葉で説明してもらえると、よりよく分かるのですが。
Ⓕ Can you explain again by different words, so we can understand better?
Ⓢ In other words?

「…」という理解で間違いないですか?
Ⓕ You meant "…" – is my understanding correct?
Ⓢ "…", correct?

参画意識を高めながら、さらに深い考えや意見を引き出す

　発言を確認することは、話し手に「聞いてくれた」と思わせ、**参画意識**(sense of participation)**を高める効果もあります**。そしてそれが、さらに深い考えや意見を引き出すことにつながります。

　たとえば、問題点を洗い出そうという段階で「○○がダメなんだよ」という発言をした人に対し、ただうなずいただけで「他の意見はありますか?」と次に進む場合と、その前に一言でも「なるほど、○○ですか。分かりました」、How about others?「他の方はどうですか?」とつないだり、「なるほど、○○ですか。少し詳しく教えていただけませんか?」と確認を入れている場合、どちらが自分の意見が尊重されたように感じるでしょうか? 参加者が「自分が議論して結論を出した」と思うように、一言加えてみましょう。

　「なるほど、○○ということですね。ところで、この○○だと、具体的に行動はどうなりますか?」や「そこをもう少し詳しく教えていただけませんか?」と、確認をした

後に一言質問を加えてみると、「実はね…」と、新しい情報や本当の問題につながる意見が出てくることがよくあります。

　むしろ、簡単な一言の裏にも、参加者の頭にはさまざまな物語があるのです。その物語の一部だけを聞いて満足するのではなく、限られた時間の中ではありますが、少し具体的な話まで聴いてみるようにすることで、解決策の手がかりが見えてくることがあります。

　ファシリテーターの醍醐味とは、こうした１人ひとりの持っている膨大な資源を探索（質問）できる権利を持っていることです。正しく訊けば、参加者全員がドキドキするような議論ができます。一方、訊き方を間違えると、議論は盛り上がらず、アウトプットも凡庸なものになってしまいます。

→ 使える言い回し

だとしたら、関連してまだ何かありませんか？　何かもう少し？
- Ⓕ If so, is there anything more on that thought? A little more?
- Ⓢ Any more thought?

お話しされた点について、もう少し詳しく話してくれませんか？
- Ⓕ Can you elaborate a little more on the point you just mentioned?
- Ⓢ Can you elaborate?

次の人（トピック）に移っても大丈夫ですか？　まだ何かありますか？
（事務的な訊き方ではなく、まだあるのであれば聴きたいというトーンで）
- Ⓕ Can we move on to the next person (topic)? Or is there anything more?

議論を積み上げる

　確認・再確認を繰り返し、書き留めて整理しましょう。こうするとかなりの数の意見や考えが積み上がってきて、次の議論に進みやすくなり、問題解決に近づきます。

　会議では、最後の意思決定にハイライトが当たりがちですが、その前の議論も重

要です。全員に「言った／聞いてくれた／その通りだ／深いことまで話せた／他の人の考えも分かった」と思わせると、意思決定が容易になり、共有意識もより強くなるのです。

すでに説明した「議論の経過の見える化」ができていれば、ホワイトボードやフリップチャートを見ながら、参加者と一緒にこれまで議論してきた内容の確認ができます。議論の内容が確固たるものになり、結果的に合意形成を促します。

こうして積み上げを続けることで、逆戻りしないという効果が出てきます。たとえ議論がまた堂々巡りになろうとも、戻るのは最初の議論ではなく、積み上げてきた合意の最後の部分になるのが大きな利点です。

➡ 使える言い回し

ちょっと一歩離れて、フリップチャートでこれまでの議論を確認しよう。
- Ⓕ Let's step back and summarize the discussion on flip charts.
- Ⓢ Let's step back. Summary on flip charts.

全員この理解でよいですか？
- Ⓕ Are we all on the same page?

これまで積み重ねてきた議論を見てみましょう。
- Ⓕ Let's look at how much we have built through our discussion.

これが合意できた点で、これがまだ合意できていない点ということだね？
（合意されたものと合意されていないものを指し示しながら）
- Ⓕ This is what we have agreed, and this is not, right?
- Ⓢ We agreed this. This, not yet. OK?

＋ワンポイント

on the same page とは、文字通り「同じページにいる」ということです。転じて、全員が同じ場所にいて状況についても理解が通じているという趣旨になります。

7 議論のプロセスを確認する
Checking the Process of Discussion

> ファシリテーターは、議論の進行を「支援」します。参加者が「自分たちが納得して進めた」と思えるよう、会議の目的や現状、今後の進め方について適切なタイミングで参加者と確認する必要があります。

議論のプロセスを確認する

　会議にファシリテーターが入る最大の効果は、時間通りに議論を終えて、意思決定ができることです。しかし、議論が白熱化したりアジェンダが変更されたり、後半になって参加者が不満をぶちまけるなど、会議には想定外はつきものです。それでもファシリテーターは、時間内になんらかの結果を出さなければなりません。

　時間内に進行させるために有効な対応は、プロセスの確認です。節目ごとに参加者と一緒に、議論の流れをたどり、次に何をするかを説明し、同意を得ていきます。たとえば、次のようなやり取りを見てみましょう。

ファシリテーター：今日は朝から、課題を共有してきたよね。
参加者：そうだね、いろいろ僕も知らないことが出てきて驚いた。
ファシリテーター：この共有では、3つの大きなことが分かったというのが結論だね。
参加者：そう、大きくは3つだ。
ファシリテーター：アジェンダでは、この3つについて、なぜそうなっているのか要因を議論することになっている。この進め方でいいかな。
参加者：そうだね、要因を分析するのは大切だ。それでいいと思うけど、どのくらい？
ファシリテーター：1つの課題について、2つくらいもっとも大きいと思う要因が

合意できるようにして、3つの課題全部をやろう。

参加者：了解！　途中でランチがあるの、忘れないでくれよな（笑）。

こうして参加者を巻き込みながら、全体の流れを整理し、必要であれば合意を取りながら修正していくのです。

➡ 使える言い回し

目標は、新しい物流ルートに合意することです。
（目的地の確認）

- Ⓕ Our goal is to agree on the new logistics route.
- Ⓢ The new logistics route is our goal.

目的に合意することからスタートしましたよね。
（出発時点での合意の確認）

- Ⓕ We started by agreeing on our objective, right?
- Ⓢ Our objective is already agreed, right?

物量データの共有から始めましたよね？
（スタート地点の確認）

- Ⓕ We started from sharing data on our logistics volumes.
- Ⓢ Our logistics volumes were cleared, right?

量のデータの共有は終わりました──よいですね？
（今どこにいるかの確認）

- Ⓕ Now, we just finished sharing the volume data, OK?
- Ⓢ Done with the volume data, OK?

ブライアン、何かある？
（このまま進めて大丈夫か、質問や補足等あるかの確認、アイコンタクトをして）

ⓕ Brian, is there anything with you?
ⓢ Brian, are you OK?

今日の目標から外れないようにしましょう。
(目標の達成に焦点を当てることを強調)
ⓕ Let's stick to today's goal.

議論が錯綜してきましたね。
ⓕ The discussion has become a bit complicated, right?
ⓢ So many different opinions, yeah?

このあたりで本日の進め方と目標を変更することも考えるべきでは?
ⓕ I think we should change our agenda and goal around here, no?
ⓢ Better change our agenda and goal?

＋ワンポイント

「終了する」や「〜が終了する」という意味でビジネスの現場でよく使われるのは、done や done with... です。たとえば、「ジョン、頼んでおいたタスク終わった?」「あぁ、終わりましたよ」は、"Hey, John, the task I've asked you, is it done yet?" "Yeah, it's done!" または "Yeah, I'm done with it." となります。

「先に進む」もいろいろな言い方がありますが、ファシリテーションで便利なのは move on という表現です。「前に向けて動かす」というニュアンスで、ファシリテーションの姿に近いものがありますね。

8 より高い成果を目指して チャレンジする
Challenge: To Aim for a Better Result

> 問題解決をより高いレベルのものにするために、ファシリテーターは「チャレンジ」します。参加者のマインドを「まだできる」という前向きな気持ちに持っていくようにしましょう。

　ファシリテーションの目的である問題解決のためには、エネルギーやリーダーシップが必要です。ファシリテーターのリーダーシップは、参加者に議論をしてもらうだけではなく、結果の「質へのこだわり」において発揮されます。それが参加者に対して「チャレンジ」するということです。

　ファシリテーションでのチャレンジは、「この議論で、本当にクオリティの高い成果物につながりますか?」と参加者に問いかけることです。「皆さんはまだ最高のものを出し切っていない」と暗に言うわけですから、話の持っていき方によっては、かなり際どいものになります。

　熱くなっている会議では、明らかな論理的矛盾に気づかずに次に進んでしまおうとすることがあります。そんなときに議論不足を指摘するのは、かなり勇気がいります。

　たとえば、商品の性能についてクレームが多発しているある会社で、店頭にサービス担当を派遣すればよいという話が出ているとします。

あなた:いまの意見は、「製品説明のためのサービス担当を店頭に派遣すれば、性能についての誤解が減り、クレームも減るだろう」ということですね。
　＊念のため、ファシリテーター自身の理解をClosed Questionで確かめる

You: I understood our current discussion is that "... (カギカッコ内の文) ...", am I right?

あなた:では、「店頭のお客さんに、問題になっている機能について説明をすることで問題が解決する」という解決策が正しいか、もう一度確認しませんか。

> ＊追加説明のために、店頭への人員派遣まですることが本当に必要なのか、その根拠を確認したいという趣旨
>
> **You:** Then, why not reconfirm if our idea is really going to solve the problem?

　ファシリテーターが、みんなが飛びつきそうなアイデアに対して、その根拠を確認する質問をします。「説明員を送れば解決するじゃないか。早く次の項目の議論をしよう」。こうした気持ちになっていた参加者に視線を向けます。

> **あなた**：ジャッキー、君はどう？　この解決策が効果的だと思う理由を挙げてみてくれないかな。
> ＊Open Questionで具体的な根拠を引き出す
>
> **You:** Jackie, how about you? Can you tell us why this idea is right?
>
> **ジャッキー**：えーっと、……確かにそうだな、本当に現在の店頭スタッフだけでは手が足りないのか。本当に派遣したら、その人の時間を有効に活用できるのか……少し結論を急ぎすぎたかもしれないな。

　こうして出された解決策が効果的かどうかの検証をするように話をリードし、深く掘り下げます。サービス担当の店頭派遣で問題が解決できると本当に言えるために、何を確認する必要があるか。それをあぶり出す質問に置き換えて、改めて参加者全員に問いかけます。

> **あなた**：では、成り立つために必要な要件は何でしょうか？
> ＊Open Questionでみんなの考えを引き出す
>
> **You:** Well, then, what are the factors that work out on the problem?

ファシリテーターは自分の考えを持つ

　こうした質問で参加者にチャレンジし、安易な妥協ではなく、しっかりした議論、事実や論理による確信を全員に持ってもらう。こうしたファシリテーションをすることで、より質の高い合意が得られるのです。

よく誤解されるのが、ファシリテーターの中立性や黒子という部分です。これは「考えを持たない」ということではありません。むしろ**ファシリテーターは常に「自分だったらこうではないか」という考えを持っているべきです。**そうした考えを参照しながら、しかし発言は参加者主導で議論を進めるのです。自分の考えとズレているところは、質問の良いチャンスです。また、自分に考えがあるということは、その考えが論理的に正しい筋道である必要があります。

図09. ファシリテーターは「チャレンジ」する

ただ参加者の考えを聞いて、書いて、まとめて、次に進めるというのでは、ファシリテーターの付加価値が活かしきれていません。黒子でありながら参加者に健全なチャレンジをし、場を活性化させて質の高い成果を出せた時、参加者だけでなく、ファシリテーター自身も大きな満足感を味わえるでしょう。

→ 使える言い回し

この解決策が魅力的な理由を再確認しましょう。
- Ⓕ Let's make sure why this solution is good.
- Ⓢ Let's think again. Why this is good?

なぜ、AだとBになるのでしょうか。その合理的な理由は何？
- Ⓕ When A happens, B also happens. What is the reason?

このソリューションにより、具体的に何が変わりますか？
- Ⓢ What will happen with this solution?

これが我々のできることのすべてだ、でよいのですか？
- Ⓕ Are we comfortable that this is all we can do?

Ⓢ Is that it?

もっと高い目標を目指しましょうよ！
Ⓕ Come on. We can raise the bar a little higher!
Ⓢ We can do better!

この解決策に我々全員がコミットできますか？
Ⓕ Can we all commit on the solution?

＋ワンポイント

　「目標を上げる」と言うには **raise the bar** という表現をよく使います。文字通り走り高飛びなどでバーを上げるというイメージです。単純に「もっとできるでしょう」という言い方としては、ショートバージョンで紹介したものや **We can do more.** という表現があります。

9 参加者との関係に注意する
Minding the Relationship with Participants

> ファシリテーターは質問をする立場、参加者は答える立場です。基本的に質問に答えるほうが心理的な負担は大きいもの。ファシリテーターは、答える人の立場に立つことを忘れてはいけません。

　ファシリテーターは相手の話を傾聴する必要がありますが、その際は1対1の関係になりがちです。参加者が7〜8名以上いるなかで、厳しい質問や複雑な質問をする際には、いくつか気をつけたいことがあります。本書では特に「間を取る」と「追い込まない」という点を解説します。

間を取る

　質問された側の立場に立ってみましょう。頭の中は、「えっと、いま訊かれたことは……で、オレの考えは……、何から話すかな」と、まずは質問の意図を咀嚼し、それから考えをまとめて、さて話すか、となっているはず。それだけでも時間がかかります。
　特に、質問の意図をどう捉えるかや、どのように答えるか（何を期待されているか）については、多くの人が気にする傾向があります。特に日本人はこの「相手の期待する答え」を考えすぎる傾向があるようにいつも思います。海外でファシリテーションをしていると、何を訊いても自分の思考プロセスをそのまま声に出して、話しながらまとめている人は普通です。その間に別の参加者も同じように声を上げて、指揮者のいない合唱のようになり、収拾がつかなくなります。
　そんな中で特に英語自体が不得手な方が発言するには、心理的に越えないといけない壁が高いものです。「英語でなんて言ったらいいんだよー！（少しパニック）」……こうした心理で話そうとしている参加者は、何も日本人だけではありません。
　筆者の経験上では、ベトナム人やタイ人のコミュニケーションは、日本人と同様に、

遠慮というか奥ゆかしさを感じます。ときにはスローだと映ることもあるかもしれません。そんなときでも、心の中で1から5まで数え、その間の表情や身体の動かし方で、もう口のすぐそこまで出かかっている言葉を受け取ってあげるように接しましょう。参加者の出身国や所属部門、部署の雰囲気、勤続年数等によっても発言のバックグラウンドは異なります。

そうした事情を理解して、**複数の質問は避け、できるだけ平易な言葉で質問をし、**そして**相手の思考プロセスに合わせて時間を取る。**その間に話し始める人にはジェスチャーで「ちょっと待って、彼（彼女）の話をまず聞いてみよう」と発言を待ってもらう。こうした配慮で接して、言いたいことが出てくるのを待ちましょう。

➡ 使える言い回し

ご心配なく。ゆっくり考えていただいて結構ですよ。
(スマイルしながら)

- Ⓕ It's OK. Please take your time.

1人ひとりで少し考えてみましょう。2分ほど時間を取ります。

- Ⓕ Please think about it. I give you two minutes.

まだ考えているようでしたら、遠慮なく他の方にパスしてください。
(「上から目線」にならないように気をつけて)

- Ⓕ If you are still thinking, you can pass and turn to someone else!
- Ⓢ "Pass" is OK!

パスしても、もし考えが浮かぶようなら教えてくださいね。
(doを強調することで、「ぜひ」というトーンを出して)

- Ⓕ Even if you pass, please "do" let us hear your idea when it comes.
- Ⓢ Your idea is always welcome.

追い込まない

あなたが衆目の中で自分の考えをなんとか話したとしましょう。その際に、ファシリテーターから間髪を入れず「なぜですか？」「どうすればよいと思いますか？」「何が問題ですか？」などと質問されると、ちょっと慌てませんか？

自分が考えもしていなかったことを訊かれ、「えーと」と間をつなぐものの、考えが出てこない。そしてファシリテーターは無表情に黙ってじっと見ながら待っている…。こんな状況になると、人は追い込まれたように感じることがあります。そうなると、生産的ではありませんし、会議への参画意識にも影響します。

相手を追い込まないためには、ファシリテーターの表情やボディランゲージが重要です。「あなたの発言を、ぜひ聞かせてほしい」といった態度で、柔和な微笑で問いかける。「さぁ、これからいろいろ訊いていきますが、もし特段お考えがない場合は、ニッコリ笑って"パス！"と言ってくださいね。何か思いついたら、いつでもこちらに手を振ってください」などと、できるだけ発言への心理的なハードルを下げるようにするのです。そして、何か一言でも話をしてくれた方には、その先にまだ何かあるのではと考え、「ぜひ続きを聞かせてほしい」という態度で接します。

このとき大切にしたいのは、全員参画しているという場の雰囲気です。たとえ誰か1人の考えについて深める時でも、必要以上に1対1のトーンが出ないように注意してください。「追い込まれた」「どうしよう」という不安につながることもあるからです。「傾聴する」「相手を尊重する」というベーシックを実施しているつもりで、かえって陥りがちな間違いのひとつです。

たとえば、誰かがとても興味深く、面白いアイデアを出したとき。それを「全員で」考えて深掘りしよう！というトーンを出して、1人の参加者との対峙ではなく、全員で考えるという方向に持っていくのです。

➡ 使える言い回し

面白いアイデアですね。どうしてそう思うんですか？
- Ⓕ Very interesting idea – why do you think so?
- Ⓢ Interesting! Why?

ジュン、このアイデアについて、どう思う？
- Ⓕ Jun, what do you think of this idea?

全員で考えてみよう！
- Ⓕ Let's all think about it.

誰か、何か言いたいことがある人は？
- Ⓕ Is there anyone who wants to say something?
- Ⓢ Anyone?

話したいことがあるのではないですか？
（じっと目を見て笑いかけながら）
- Ⓕ It looks like you have something to say?
- Ⓢ Do you have something?

何か気になることがあるのではないですか？
- Ⓕ Is there anything that bothers you a little?
- Ⓢ Concerns?

＋ワンポイント

　「全員で」という言い方やトーンは、さまざまに出すことが可能です。一番単純なのは、we を使うことです。特にファシリテーターは、基本的に we を使うことを強くお勧めします。慣れない英語でシンプルな表現を使えば使うほど、I... のオンパレードになってしまいます。

　英語でもさすがにこれではあまりに自己主張が強く、強権的に聞こえます。次に進むときや手順を示すときには I を使うのもよいですが、we を使えるところでは、できるだけ we に切り替えて話してみましょう。無意識に「私たち＝参加者全員」という考えを強化できます。加えて、**all of us** や **Let's all...** という言い方を、必要に応じて織り交ぜて軽く強調するようにしてみると効果的です。

10 参加者の状態を正しく読む
Reading the Mind of the Participants

> ファシリテーターは、参加者がどのような状態にあるかを正しく把握する必要があります。話の内容以上に表情やボディランゲージから、参加者の状態を正しく読み、状況を確認しながら進めましょう。

　人の真意の約7割は、ノンバーバル（非言語表現）なコミュニケーションで表現されるといわれています。会議の参加者の本音の大半も、発言ではなく表情や身体の動きに出てきます。参加者の様子に注意を払う必要があります。

図10. こんな動作が出てきたら要注意

■積極的に参加しているときの動作
- 表情が穏やか、微笑んでいたり、笑うなどしている
- 議論やサマリーをする際にうなずくように首を動かしている
- 参加者同士でもファシリテーターともしっかりアイコンタクトができている
- 姿勢はどちらかというと前のめりになっている
- 話をするときの反応が早く、いつもより早口である

> ■混乱、困惑、内容に反対しているときの動作
> - 表情に動きがなかったり、まゆを寄せたり、しかめ面をするなどしている
> - 頭を横に振っているときがある
> - 唇を尖らせるようにしている
> - 姿勢を後ろに寄り掛からせたり、身体が違う方向に向いたりしている
> - 話をするときのスピードが緩慢で、話し方自体がいつもより遅い
>
> ■飽きているときの動作
> - 表情がない、動かない
> - あくびが出ている
> - アイコンタクトがない
> - そわそわしたり、いたずら書きなどをしている
> - 問いかけへの反応が遅い、または応えない

　混乱、困惑、反対の典型的な動作が見られるとき、そうした参加者に見て見ぬふりをして議論を前に進めることは得策ではありません。

　興味が薄れてきたような動作をする人が1～2人の場合は、そのメンバーの近くに歩み寄りながら、改めて会議の目的を共有したり、2～3人に分かれて話をしてペースを変えたりすればよいでしょう。

　一方、大半の人の集中力が途切れてきたようになった時は、ムードを変える必要があります。そのためにはブレーク（小休止）を取ることが有効です（→81ページ参照）。また、その日の目的を確認したり、これまでの議論を振り返って、「どこかに違和感があるようでしたら、共有していただけませんか」と問いかけてみましょう。

　参加者が飽きているのは、ファシリテーターの責任だけとも限りません。たまたまそういう状態であることもあります。焦って全体の流れを急に変えたりせず、むしろ参加者の本音を聞いてみましょう。

➡ 使える言い回し

今どんな気持ちですか？
（積極的に参加していない出席者に、丁寧な表現で参加を促す）

Ⓕ How are you feeling now?

お話しされたいことがあったら、私にウインクしてくださいね。
(内容に反対しているような出席者に対して、ユーモアを込めて)

Ⓕ Please give me a wink, when you want to say anything, OK?

Ⓢ Just wink me to say anything, OK?

ちょっと立ち止まって、改めて目的を確認してみましょう。
(議論の明確化を促す)

Ⓕ Let's step back for a moment and reconfirm our objective.

Ⓢ Let's pause. What was our objective?

ちょっとペースを変えてみましょう。
(気分転換をして全員参加を促す)

Ⓕ Let's change the pace!

皆さん、立ってください。そして身体を伸ばしてください。
(身体を動かすアクティビティを促す)

Ⓕ Will you all stand up and stretch yourselves?

Ⓢ Let's stand up and stretch!

ジョン、窓を開けてくれないかな。新鮮な空気を入れよう。
(空気の入れ換えをお願いする)

Ⓕ John, will you open the window, so we can get some fresh air?

Ⓢ Let's open the window! John?

＋ワンポイント

　参加者の状態を読んで対処するというのは、議論されている内容だけでなく、その前提となる参画意識に対しての働きかけをすることになります。ファシリテーターの言葉だけでなく身体の動きや感情（否定的にならない）が大きな要素になる時です。

11 戦略的に休憩を活用する
Strategic Value of taking a Break

> 参加者の意欲がどれだけ高くても、定期的な休憩（ブレーク：break）を取ることは必要です。また、ブレークを戦略的に活用することで、進め方を再調整し、目的達成をより確実にすることができます。

　参加者の状態を見ながら適切なタイミングでブレークを取ります。ブレークを取ることで、雰囲気を一新させ会議の生産性を向上させられるほか、ファシリテーターにとってはブレークを提案することで場をリードすることもできるでしょう。ブレークの設け方でいくつか気をつけておくべきことを紹介しましょう。

議論の時間とブレークの時間

　ひとつのトピックについての議論は、長くても90分以内に収めましょう。キリの良い時間でブレークをはさむと、議論が冗長になったり、停滞せずにすみます。

　そもそも、日常業務の中での会議や打ち合わせは、せいぜい60分程度にしておきましょう。どれだけ会議をうまく進められるようになったとしても、議論する時間より、実行する時間が長くならないと、全体としての成果が実現されていないことになってしまいます。

　とはいえ、海外に出張に出かけたり、またはその逆に日本に出張してきてもらい、懸念点や今後について、1日や2日かけてじっくり話をするという機会もよくあります。こうした時こそ、準備も含めてファシリテーションが効果を生む時です。

　そんな中で、全体のアジェンダを作るときにブレークの時間はどのように設定するのがよいでしょうか。日本では5分や10分といった短い時間のブレークが多いですが、海外の方が入る会議やワークショップでブレークを取るときには、最低15分は時間をとっておくとよいでしょう。いや、「5分です」と言っても結果として10分や15分に

なる可能性が高いという言い方のほうが正しいかもしれません。

　過去に経験した海外メンバーが入る会議や打ち合わせの場、なかでも半日ほどかかるような会議やワークショップでは、1回のブレークは15～20分が多かったです。

　これは一方で、ブレークは20分の時間投資になるという解釈をすべきです。もともとの会議時間が90分しかないようなとき、途中でブレークを取るか、それとも身体のストレッチくらいにして最後までブレークをとらないことにするか、要注意です。

➡ 使える言い回し

ブレークを取りましょう。時間は15分間です。
Ⓔ Let's take a break for 15 minutes.
Ⓢ Coffee/ Tea/ Bio break, 15 minutes!

15分したら、時間通り再開します。
Ⓔ We will restart exactly after 15 minutes!

時間通り戻ってきてください。
Ⓔ Please be back here on time.

身体を伸ばしたりして、リフレッシュしてください。
Ⓔ Please stretch and recharge yourself!

ブレークを戦略的に活用する

　ブレーク中に、テーマに関連するキーマンに接触しましょう。そして本音の意見を聞いたり、ブレーク後の進め方を相談したりします。会議中に何らかの抵抗や倦怠感を持っている参加者がいたら、状況を把握するために積極的に話しかけましょう。こうしてブレーク中に議論の進行を調整、整理します。

　また、参加者同士がブレークの気軽な雰囲気の中で自由に話をする。それも内容の理解や合意形成に大変役立つのです。

➡ 使える言い回し

先ほどのお話をもう少し教えていただけませんか？　興味があるんです。
(あなたが特別な人だから、というトーンで)
Ⓕ Can you tell me a little more about your opinion? I'm interested in it.

今どんなふうに進んでいると思いますか？
Ⓕ How do you think we are progressing?
Ⓢ Are we doing OK?

休憩後にどう進めたらよいでしょうか？
Ⓕ How do we proceed after the break?

予定通りに進めるか、さっき議論になった内容をもう少し深く話すか。
Ⓕ Shall we continue as we planned? Or, do we deep dive in to what we have just discussed?
Ⓢ Continue as we planned, or spend more time on the previous point?

軽食を用意する

　ブレーク時には飲み物や甘いものを準備しておくとよいでしょう。アジアの会議では、春巻や点心、焼きそばなどがよく出てきます。長時間の会議のブレークで何も供されないと、クレームになるくらいです。「アジアで会議するっていうのは、1日中食べているようなもんだ」という笑い話もあるほどです。

　少し大きな会議で半日単位だと、確実にスナックタイム、コーヒータイムが設定されます。これは主催側であれば、そうした配慮をする必要があるということでもあります。ホテルのスタッフや事務局に依頼するときは、軽食も含めたコーヒータイムなのか、軽食はなしで飲み物だけなのかを明確にしましょう。

　少し長いワークショップや会議の場合、朝食を食べなくても会議室の外に準備されているコーヒーとミニサンドイッチや中華惣菜等で十分間に合うこともしばしばです。

使える言い回し

この会議では10時半と3時に軽食を出してください。
(ホテルのスタッフや事務局に)

- Ⓕ Please arrange snack time at 10:30 and 3:00 for this meeting.

10時半と3時には軽食が出ます。

- Ⓕ We serve you some snack at 10:30 and 3:00.
- Ⓢ Snack time at 10:30 and 3:00!

少し小腹が空いてきた頃じゃないですか？
(スマイルしながら)

- Ⓕ It's about time you were a bit hungry?
- Ⓢ Need some tea and snack?

ドアの外には飲み物とスナックがあります！
(これまでとはトーンを変えて、より大きな声で)

- Ⓕ Help yourselves to coffee and snack outside the door.
- Ⓢ Coffee and snack outside!

ブレークの前後で注意すべきこと

　ブレークは議論の生産性を向上させるためにおこないますので、その**前後で議論のトーン（調子や流れ）を変えること**が大切です。たとえばブレーク前に説明をしたのであれば、ブレーク後には意見交換やグループディスカッションなどをするのもよいでしょう。ブレークを取ることが難しい場では、逆にトーンを変えることで議論の緩急がつきます。

　また、ブレーク前後には、必ずサマリー（流れの整理）を入れましょう。「ここまで来たよね。じゃあ一度休憩をして、次にこれを話そう」。そう言ってからブレークを取る。再開にあたって「さっきはここまで議論をしたよね。休憩をしてリフレッシュし

たところで、改めてこのテーマについて話そう」といった仕切りを入れることで、参加者の意識を議論にしっかり戻すことができます。

　こうすることでブレーク後も継続的、効率的に議論に戻ることができます。ブレークにより、議論の流れを妨げてしまうのではなく、むしろ加速させるために必要な儀式と思ってください。

図11. ブレーク中の気軽な雰囲気の中で意見交換する

　ファシリテーターとしては、真剣に議論をしている参加者がリラックスできる雰囲気でブレークに入れるよう、前向きな明るい表情で、少しトーンを変えてブレークに送り出しましょう。また、場のエネルギーが負の方向に向いてしまった時、どのように対応するかをブレーク中に考えてみることも大切です。

→ 使える言い回し

そろそろ休憩が必要ですか?
(ブレークが必要か確認する)

Ⓕ We may need a break now?

ブレークの前にこれまでの内容をサマリーしておきましょう。

Ⓕ Before taking a break, let's summarize what we have done.

ここまで来ましたね。
(ブレーク前の状態の簡単なサマリー)

Ⓕ This is where we have arrived.

CHAPTER2　ファシリテーターの基本動作

ブレークの前はここまで来ていたよね。
（アジェンダやフリップチャートなどを指差しながら確認）
🅕 Before the break, we were here.

さぁ、新鮮な気持ちになったところで、この点について議論しよう。
🅕 Now, let's discuss this point with fresh minds.

最後のトピックはブレークの後にカバーしましょう、いいですね？
🅕 We'll cover the last topic after the break, OK?

ブレークの後には、今後の進め方について議論しましょう、いいですね？
🅕 After the break, we will discuss our next step, OK?

+ワンポイント

　ブレークの言い方は、break、tea break、coffee break など、さまざまありますが、シンプルに break で十分でしょう。tea time、coffee time ということもできます。

　ちなみに bio break（bio:「バイオ」と発音）は、トイレ休憩という意味です。ミーティングが長くなってくると参加者がときどき I need a bio break. と言って席を立つことがあります。ときには、こうした一言をきっかけに数人が席を立ち、結局、通常のブレークをとるのと同じことになってしまうこともあります。

12 問題行動に対処する
Dealing with Misbehavior

> 海外のメンバーが絡んだ打ち合わせや会議での問題行動は、予想外の大きな影響を与えたり、変な方向に進んでしまう可能性があります。しっかりコントロールしながらも、メンバーの参画意識は維持するような対応が必要になります。

早めに軽いレベルの対応をする

　問題行動とは、目標達成のための障害になる行動のこと。会議の場ではときに、こだわりが強すぎたり、別の参加者やファシリテーターに対して許容範囲を超える行動をとったりする参加者がいます。以下に例を挙げてみました。ファシリテーターはこうした行動に対して立ち向かい、その場をコントロールすることが求められます。

- こそこそ話をする（side conversation）
- パソコンやスマホを操作する（working on PC or smartphone）
- 時間を浪費する（wasting time）
- 終わりない議論をする（circular, endless discussion）
- 対立や個人的な攻撃をする（conflict, personal attack）
- ブレーク時間を守らない（late returns from break）
- 邪魔をする（interruptions）

　こうした問題行動は、単一であればそれほど大きな障害にならないかもしれません。また、少し時間が経てば解決するものもあります。しかし全体の生産性や目標達成、参加者の満足度や納得度合いを考えると、ファシリテーターの介入が求められる場面もあるでしょう。

　こうした状況が発生したときの行動指針をまとめてみると、図12のようになります。

図12. 問題行動を止めるための介入

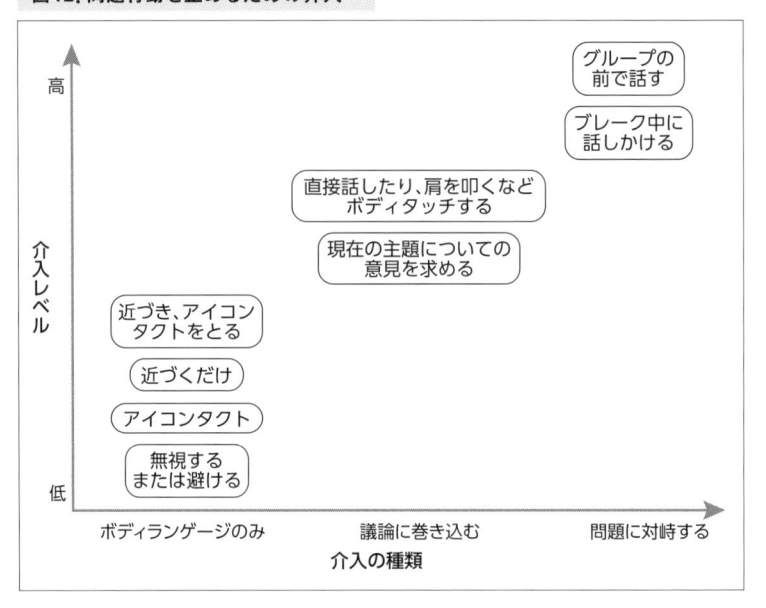

```
高 ↑
介                               グループの
入                               前で話す
レ                               ブレーク中に
ベ                               話しかける
ル           直接話したり、肩を叩くなど
             ボディタッチする
             現在の主題についての
             意見を求める
    近づき、アイコン
    タクトをとる
    近づくだけ
    アイコンタクト
    無視する
    または避ける
低
    ボディランゲージのみ  議論に巻き込む  問題に対峙する →
                    介入の種類
```

　ボディランゲージとは、たとえば目くばせ（アイコンタクト）で「私は見ていますよ」というメッセージを送ることです。アイコンタクトをしながら、問題行動が出たときに、たとえば数歩近づいてみると、より明示的なメッセージになります。

　ファシリテーションを進めながらも、軽度であればこうした**アイコンタクトや歩み寄り、ジェスチャーなどで問題行動を収めることは可能**です。ポイントは、問題行動については早めに、まずは軽いレベルの対応をすることです。問題行動を放置しておくと、問題レベルが大きくなる芽を残すことにつながります。その行動への反応を観察することで、参加者の振る舞いが会議全体に影響を及ぼすのか、その時間やトピックだけのものにできるのかを判断しましょう。

　こうしたボディランゲージでも事態が収まらない場合は、**質問をしたり、意見を述べてもらうといった直接的な関与で、議論への参加を促します。**こうした質問をする際は、問題の程度によっては「今日の議題（または進め方）について、何か問題がありましたか？」と質問することも有効です。ただし、こうした質問は問題行動を激しくさせる可能性もあります。質問する際に、「あなたの貢献を期待している」というトーンやニュアンスをしっかり出すようにしましょう。

→ 使える言い回し

議論内容の他に、何か別のことが気になるのですか？
（責めるのではなく、あくまでも聞いてみたいという姿勢で）

- Ⓔ Do you have anything other than what we are discussing?
- Ⓢ Anything else you may want to discuss now?

議論の進め方について、どう思いますか？
（上記例文と同様に、傾聴の姿勢で）

- Ⓔ What do you think about the way we are discussing?
- Ⓢ Our discussion, are we doing OK so far?

なるほど、そう思われていたのですね。他の皆さんはどう思いますか？

- Ⓔ I see. This is what you are thinking. How about other people?

ブレークも活用する

　仮にこうした直接的な質問で収まらない場合やさらに激しくなる場合は、ある程度次のブレークの時間に近いようであれば**早めにブレークを取ることもひとつの選択肢**です。一方で、ブレークを取ることが逃げにつながるように見える場合は問題の解決につながりません。

　むしろ、発言してくれさえすれば、その人の真意がある程度分かるはずです。その真意に対して、真摯に応える必要があります。29ページの「心技体」で説明した「心」を思い出してみましょう。ファシリテーターは黒子であり、主役は参加者です。この考えは、こうした問題行動への対処でも有効です。ファシリテーターが1対1で問題行動に対処することも時には必要ですが、必要以上に時間をとると今度は他の参加者が置いていかれた気持ちになるからです。

　たとえば、不満や問題が、アジェンダそのものや会議の進め方にあることが分かった場合、むしろその発言自体を積極的に評価し、「なるほど、そうした部分を問題と感じていたのですね」と受け止めましょう。その上で、「他の参加者の皆さんはどう思

われますか?」と参加者に考えを尋ねることで、全員で改めて進め方について考え、問題行動をした当事者もその議論に入ることで「では、改めてこうした進め方でいかがですか?」と確認して、逆に参画意欲を高めることもあります。

こうして参加者を巻き込んでも解決しないとき、または参加者が「それはファシリテーターの仕事だろ」というような態度のときは、ブレークをお勧めします。会議の結果を一番期待しているスポンサー(ときにはファシリテーター自身かもしれませんが)も交えて、当事者とブレーク中に話し合うのです。

➡ 使える言い回し

いったんブレークを取りましょう。

Ⓕ I propose we have a break.

Ⓢ How about a break?

その間に進め方について検討します。

Ⓕ I'll think about how to move on during the break.

我々のグラウンドルールを思い出しましょう、いいですね?

(休憩後に再開したときに「本音で話す」等のルールを思い出してもらうように)

Ⓕ Let's remember our ground rules, OK?

＊グラウンドルールについては143ページで解説します

13 経過時間を都度確認する
Essence of Time Keeping

> 時間がなくなって最後の議論が尻切れトンボになってしまう会議がよくあります。参加者の時間をムダにしないためにも、時間の使い方や残り時間について、常に全員と共有しながら進めましょう。

　議論が白熱しているとき、「あと30分です」と声をかけるのは勇気がいるかもしれません。しかし、**誰かが時間の確認をしないかぎり、会議は時間通りには終わりません。**ダイエットでも、適時測定を続けるだけで体重についての意識レベルが上がって減量できるといいますが、それと同じことです。

　区切りの良いタイミングで、必ず We have 30 minutes to go.「さぁ、あと30分ですね」、Oops, it's about time we were wrapping up.「おっ、そろそろまとめに入らないといけない時間ですが」などと、終了時間を意識してもらうコメントを出しましょう。

　なお、ここでの発言は状況によって変わります。

時間が足りないとき

　「この議論を続けたほうが、今日の結論を出すためには有効ですか？　それともこのあたりまでの議論でも大丈夫ですか？」などと、議論継続自体の価値を参加者に問うのも一案です。

　また、「先ほどから聴いていると、多少議論が堂々巡りになっているようです。最初はA、その後にAではない、Bかもしれない、でもやっぱりAかな。こんな流れになっていませんか？（同意を得る）」「この先に予定していた議論に入れば、新しい視点も出てくるかもしれません。いったん次に行くのはどうですか？」という感じに、次のトピックの議論を開始するように促すこともできるでしょう。

　いずれにせよ、ファシリテーターは確認するだけで、同意して進め方を決めてい

のは参加者です。

時間を延長したいとき

　時間コントロールをしながらも、どうしてもあと少し時間が必要。その少しの時間のために、メンバーのスケジュールを調整してもう一度集まってもらうのも難しい…。そんなときは、**素直に延長の可否を問いましょう**。ときには全員「あと 15 分や 20 分なら」と、むしろ延長を希望するかもしれません。

　また、必要なメンバーが延長可能であれば、いったん話し合いを終え、関係者だけ残って第 2 部を実施することも選択肢のひとつです。

➡ 使える言い回し

時間を確認しましょう。いま何時ですか？
(このペースで議論を進めてもいいのか、時間配分を確認するためにも有効)

Ⓢ Time check! What time is it now?

あと30分残っています。
(残り時間を確認する)

Ⓕ We have 30 minutes remaining.

ちょっと時間がなくなりかけていますね。

Ⓕ Looks like we are running out of time.

今日はもう少し長く続けられますか。何時まで？
(参加者の予定も確認し、終了時間の合意をはかる)

Ⓕ Can we continue a little longer today? Until what time?

＋ワンポイント

　時間の確認は、シンプルに **Time check!** だけでも十分です。時間に言及することで、当日のアジェンダや自分の次の予定について意識を持ち、時間にコミットできます。

　時間についてはいろいろな言い方があります。会議やミーティングでは「あと X 分」のように文字通り「持ち時間」という意味で **We have X minutes.** という言い方がシンプルで分かりやすいでしょう。少し説明を加えるなら、「残っているのは」という趣旨で **remaining** や **to go**（口語表現）と言い添えるだけで構いません。

　Can we continue a little longer? で **Yes** を引き出したら、すぐに **Until what time?**「では何時まで？」と、新しい終了時間も明確にしましょう。ただし、終了時間にはできるだけこだわること。そのためのファシリテーションを心がけましょう。

コラム：日本人感覚

　マレーシアで、筆者の会社のスタッフと、打ち合わせの約束をしていたときのことです。クアラルンプールで、お客様との会議のファシリテーションを終えたら、すぐ連絡を入れるという手はずになっていました。時間は6時半、お客様先から車で 10 分程度の距離の場所です。

　いつもは5時半には終わる会議だったので、私はこの約束時間でまったく問題ないと思っていました。活発な意見が出され、良い方向性が出て会議終了。「さぁ、ひと仕事終えたぞ」と、スタッフに連絡しようとすると、社長がちょっと話をしたいと声をかけてきます。やる気満々です。

　立ち話だし、せいぜい5〜6分だろうと思っていたところ、会議の結果や今後の進め方について膨大な話が始まり、結果、さらに 40 分が経っていました。終わったのは、もう夕方のラッシュ時間。クアラルンプールのブキビンタン通り周辺では、大渋滞が始まっています。帰国便の時間の心配もあり、社内スタッフに急遽空港まで来てもらい、打ち合わせはなんとか実施できました。

　しかし、最後のスタッフの一言に救われました。「よくある、よくある。マレーシア人は人を引き止めるのが好きだから」と満面の笑みでした。時間感覚では、筆者も普通の日本人なんだな、と再確認した瞬間でした。

14 アジェンダや目標を修正する
Revising the Agenda or Goal of the Meeting

> 当初のアジェンダが、議論を進める中で非現実的になってしまうことも実際起こりえます。その時は、全員の合意をとった上で、当日の着地点を変更し、議論の進め方を再設定しましょう。

　なんとか時間内に議論を終わらせようとしていても、予定していた時間だけではどうしても足りないこともあります。そんなときは、**当日の成果物の目標やアジェンダ自体を変えてしまうことも一案**です。

　ファシリテーションの主役はファシリテーターではなく参加者であり、参加者が議論しているテーマそのものです。明らかに時間が足りなくなったり、そもそも準備していたテーマと違う内容の議論が始まったり、さらにそれが必要だという場合は、アジェンダの変更が必要かもしれません。

　アジェンダの変更を検討する際には、まず目的に立ち返り、その上で現在時間を必要としている内容が、アジェンダを変更するに足る重要なものかを確認します。そして、いくつかの Open Question で、参加者の本音と議論の争点を引き出します。その上で、全員の賛同のもとに「変えるか、変えないか」の意思決定をします。

　また同時に、アジェンダ変更によって、改めて集まる必要があることも確認しておきます。できれば、参加者が揃っているその場で次の日程を決めることをお勧めします。海外のメンバーが絡むと、次の打ち合わせは全員集まってするのか、電話会議やテレビ会議になるのかなどの確認が必要になることもあります。

　電話会議でのファシリテーションについては 195 ページ以降で詳しく解説します。

使える言い回し

今日は値決め方針について合意しようとしていましたね。
(今日の目的を確認する)

🅕 We wanted to fix our pricing policy today, right?

この議論は、この目標達成にいま必要なものですか?
(現在議論している内容の重要性を確認する)

🅕 Is this discussion necessary to achieve our goal now?

ジェフ、アジェンダを変更することについてどう思う?
(アジェンダ変更が必要かを確認する)

🅕 Geoff, what do you think about changing our agenda?

本日のアジェンダを変更することに賛成できますか?

🅕 Can we agree to change the agenda today?

分かりました、新しい目標は顧客の苦情をしっかり理解することにしましょう。
(アジェンダ変更を通知する)

🅕 OK, our new goal is to fully understand the customer complaints.

できるだけ早いうちにまた会議をする必要がありますね。
(次の会議の必要性を確認する)

🅕 We need to meet again very soon.

＋ワンポイント

　今日の目的は、会議の冒頭で確認した内容を読み上げ、単純に right? や isn't it? などの表現を付け加えることで確認できます。

15 記録されたものを素早く共有する

Quickly Sharing the Meeting Record

> 最終的に合意できて会議を終了したら、できるだけ早く実行に向けたフォローをします。合意した内容と、キーポイントを手際よくまとめ、できるだけ早く参加者や利害関係者と共有しましょう。

　会議後に議論の内容をしっかり共有することは、議論の過程を残しておくためにも必要なことです。議論の内容を共有するための記録は、日本語では「議事録」と呼び、英語では minutes という表現を使います。

　日本では、誰がどんな発言をしたかまで詳細に記載した議事録が作成されることがあります。しかし、そのような議事録は最初の確認段階で、「こんな表現ではなかった」などと表現を変えられ、共有までに時間がかかることも多々あります。また、詳細な議事録が回ってきて、そこで初めて議案が決裁されたことが分かる例もあります。

　ある伝統的な日本企業では、役員会での議論はある程度活発なのですが、誰も明確に意思決定について確認をしないという悪しき文化がありました。事務局にあたる経営企画が回覧する議事録に「決裁された」という表現があるか、ないかで判断していました。それでは何のための会議だったのか分かりませんね。

　お勧めしたいのは、**デジカメでホワイトボードやフリップチャートの議論内容を記録する**こと。そして結論や「ネクストステップ」と呼ばれる次回へのアクションなど重要なことだ

図13. 議論した内容をデジカメで撮り素早く共有する

け簡潔に箇条書きでまとめたものを minutes（議事録）として、できるだけ早く作成して関係者に回すことです。

　最終的な意思決定の結果を明確にして、それに伴うタスクを記録さえすれば、目的は果たせます。業務のスピードを上げるためにも、議事録作成に時間を使うよりは、素早く結果を共有するようなスタイルへ転身しましょう。こうすることで、行動や実行に重きを置いた業務の進め方に変える効果もあります。

➡ 使える言い回し

フリップチャートをデジカメで撮っておこう。
Ⓕ Let's take a picture of the flip chart.

メールに添付して全員に送るよ。
Ⓕ I send the picture to you all by mail.

これが会議で合意した内容です。
Ⓕ This is what we agreed at the meeting.
Ⓢ This is our agreement.

これが前回のミーティングの議事録です。
Ⓕ Here are the minutes from the last meeting.

次回ミーティングまでのアクションは、添付の議事録をご参照ください。
Ⓕ Please refer to the attached minutes for our actions until the next meeting.

＋ワンポイント

　最後の3例文はいずれもメールに議事録を添付する際の表現例です。メールという点では、ビジネス・ライティングに属するかもしれません。シンプルに用件を伝えることが基本です。

CHAPTER2　ファシリテーターの基本動作

CHAPTER 3

ファシリテーションの6つのステップ
Six Steps for Facilitation

1 ファシリテーションの6つのステップ
Six Steps for Facilitation

> これまではファシリテーションの基本動作を解説してきました。実際にファシリテーションをする際には6つのステップに沿って進めます。「準備する」「開始する」「発展させる」「結論を出す」「次につなげる」「フォローする」の6つのステップがあります。

ここでは、ファシリテーションにおける6つのステップについて説明します。この6つのステップは、仕事だけでなく日常生活での問題解決のためのコミュニケーションに関するさまざまな場面で応用可能です。1対1で話をするときも、その話をどう準備し、開始し、発展させて、意思決定（確認）し、次につなげて、それをフォローするかを意識することで、コミュニケーション力が圧倒的に高まります。こうした型をいったん身につけて、基本を固めてから「守破離」の精神で自由に使いこなしてみてください。

1 準備する：Prepare

「来週の木曜日、午後1時から3時間くらいなんだけど、打ち合わせがあるんで集まって」とだけメールが来たらどう思いますか。「なぜ？　何のために？　なぜ私が？　どうして3時間も？」。誰でもきっとこう反応をするはずです。また、たいていの場合、出席者本人だけでなく、その上司や同僚にもある程度関係してくることになります。

海外で会議を実施する場合、会議の環境も確認が必要かもしれません。準備の大切さは強調してもしきれないものです。時間をかければよいというものでもなく、大事なツボを押さえる必要があります。

「準備する」のステップでは、**何のために会議や打ち合わせが必要かを確認します。その上で、どのような問題解決や意思決定が必要か、目的や目標を立てます。**

図14. ファシリテーションの6つのステップ

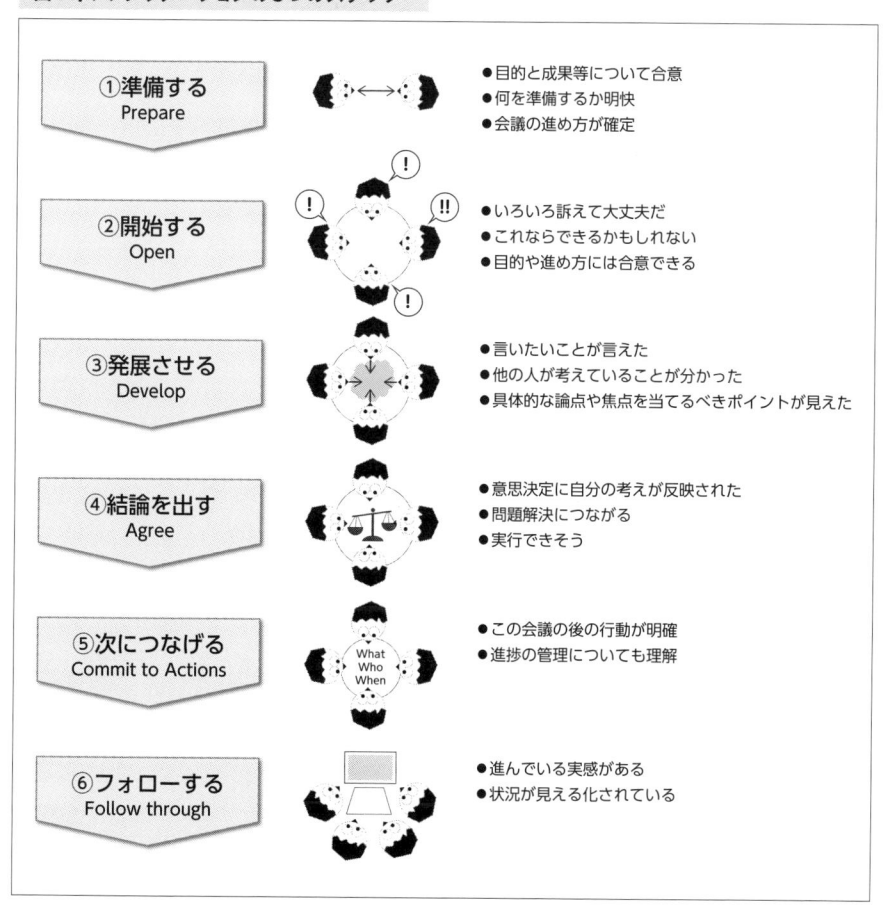

ステップ	ポイント
①準備する Prepare	● 目的と成果等について合意 ● 何を準備するか明快 ● 会議の進め方が確定
②開始する Open	● いろいろ訴えて大丈夫だ ● これならできるかもしれない ● 目的や進め方には合意できる
③発展させる Develop	● 言いたいことが言えた ● 他の人が考えていることが分かった ● 具体的な論点や焦点を当てるべきポイントが見えた
④結論を出す Agree	● 意思決定に自分の考えが反映された ● 問題解決につながる ● 実行できそう
⑤次につなげる Commit to Actions	● この会議の後の行動が明確 ● 進捗の管理についても理解
⑥フォローする Follow through	● 進んでいる実感がある ● 状況が見える化されている

　目標を達成するためには、どのように会議・打ち合わせを始めて、どう終わらせるかという当日のシナリオを考え、それを実施するのに必要な参加者を決めます。シナリオとは、アジェンダのことです。そして、実施の段取りをとって、実際の場に臨みます。

　その間、さまざまな関係者とコンタクトを取り、必要な情報収集や説明をします。当日使用する資料等の準備や、少し大きな会議の場合は会場の環境設計をおこないます。多数の人を巻き込んで動いているという点で、この段階からファシリテーションはもう始まっています。

> ■「準備する」がうまくいったときの状態：
> ・会議の目的と期待成果が明確になっている（なぜ、何を）
> ・アジェンダが準備され、進め方も明確になっている（どうやって）
> ・参加者が確定している（誰が）
> ・備品や会場設営の手配が整っている（会場準備）

2　開始する：Open

「集まってくれてありがとう」「で、今日は何の話をするの」「えーと、まだあんまり決めていないんですけど、とりあえず現状の共有をしたいと思います」——こんな始まり方の「会議」や「打ち合わせ」といわれるものに出席したことはありませんか？

または、完璧な準備をしてあると自負して、海外からの参加者も含めて、まだ顔見知りでない参加者がいる中で、いきなり本題に入ろうと、こう切り出したらどうなるでしょう。

「皆さん、こんにちは。さっそくですが、時間なので始めましょう。今日のテーマは、新製品の初期不良に対しての保証についてです。アジェンダに沿って、現在対応しているマレーシアのコールセンターから報告してください」

これでスムーズに議論が始まるようなら、言うことはありません。ただ、参加者の中には「この会議では、どこまで本音で話せるのかな」と考えている人が必ずいるはずです。また、工場の品質検査担当は「俺の仕事が悪いってことか？」と思うでしょうし、コールセンターの報告者は「品質検査が悪いから」と攻撃しようとしているかもしれません。

まずは**参加者が前向きに問題を解決する、つまり心を開いて議論できる状態に持っていく必要があります**。「開始する」は、会議の本題に入る前に、議論して決めることができるように、参加者の気持ちを持っていくためのステップです。

> ■「開始する」がうまくいったときの参加者の状態：
> ・いろいろ訴えて大丈夫だ（安全な場として理解）
> ・これならできるかもしれない（解決への期待）

- 目的や進め方には合意できる(プロセスの理解と合意)
- 積極的に貢献しよう(チーム力の発揮)

3　発展させる：Develop

　参加者が対話や議論へ向かう姿勢ができたら、当日の目的に沿って、情報の報告や共有、それに対しての意見や質問が出てくるはずです。また「問題点を洗い出そう」と全員で、あるテーマに沿って問題点や現状を変えるためのアイデアを出し合うこともあるかもしれません。

　しかし、曖昧に「まず現状の問題を共有しよう」と切り出しても、話はまとまりません。誰もがそれぞれの立場から話を始め、場合によっては他者の攻撃を始めてしまうかもしれません。また、「では順番に1人5分以内に」と仕切るのも正解ではありません。

　この段階は、目的に沿って**全員がきちんと意見を言えて、その趣旨を共有し、状況についての理解を深める**のが目的です。つまり、情報提供や議論をしながらも、時間内に必要な情報や意見を出しきれるように進める必要があります。

■「発展させる」がうまくいったときの参加者の状態：
- 他の出席者の考えが理解できた（他者理解）
- 自分が言いたいことがちゃんと言えた（自己主張）
- どこに焦点を当てて議論を進めればよいか分かった（焦点の特定）

4　結論を出す：Agree

　十分な議論ができました。参加者の間で信頼感も高まってきています。しかし、「発展させる」の段階で、かなりの時間を使ってしまっているかもしれません。そこで会議の主催者がこう切り出したら、どうなるでしょうか。

　「ありがとう、ずいぶん良い議論ができた。最後に絞り込む時間はないんだが、多数決で決めよう」

　時間がないからと最後に十分練られた議論をしないまま意思決定に持ち込んでし

図15. 結論を出すために、
　　　理解を確認し積み上げる

まうのは、よくあることです。良い議論を積み重ねていれば、多数決でもある程度の結論にはなるでしょう。しかし、この結論を出すための前提にある評価軸を明確にしないで結論を出そうとすると、後から「なぜこの結論にしたのか分からない」「自分は賛成しなかった」と言う人々が出てきます。

一方で、「今日はありがとう。時間もないので具体案の優先順位はこちらのほうで取りまとめ、後日送ります。皆さんはその内容にメールでフィードバックをお願いします」と意思決定を会議の主催者が引き取ることもあります。

時間いっぱい良い議論ができていれば、事務局的な対応をしてくれる主催者に感謝と期待の言葉が投げかけられて会議が散会することはよくあります。しかし、その後で「いや、あれは俺の意見が反映されていない」「解釈が間違っている」「俺たちの部署が責任者とはどういうことだ？」などの異論が出たりします。

良い議論をすればするほど、参加者が最後まで意思決定に関わるべきです。また、関わりたいと思っているはずです。**きちんと結論を出して、収束させるには、意思決定や話のまとめ方、評価基準について事前に明確して、参加者の理解と賛同を得ておくことが必要です。**

■「結論を出す」がうまくいったときの参加者の状態：
　・出された結論に納得した（納得感）
　・当初の考えと違う結論でも、それを擁護できる（一枚岩）

5　次につなげる：Commit to Actions

さぁ、結論も出ました。参加者も満足しています。

「結論が出ました。では、今後この結論をそれぞれの部署に持ち帰って、推進してください」。主催者が喜び顔でこう切り出します。参加者の多くも満足の表情を浮

かべています。この会議は成功だ！……そう思いますか？　いえいえ、もう一歩です。このまま終わると、おそらくこんなことが起こるでしょう。

「えーと、あの計画はいつから反映させるんだっけ？」「おかしいな、計画で決めたはずが実行されていないようだぞ」「まだできてないの？　この前決めたじゃないか」「それ私の担当でしたっけ？」

これらはすべて、会議や打ち合わせの合意事項を、実務の中でどう反映させるかを意識しなかったために起こる問題です。

ファシリテーターは、「何が決まったか」「具体的に実行するためには、何を、誰が、いつまでにやるのか」「本当に実行できるのか。そのために障害はないか」「本題とは違うが、重要な項目としていったん避けておいた内容は、その後どうするのか」などの確認をし、しっかりクロージングして次につなげる必要があります。

この段階がしっかりできれば、その後の成果が出やすくなります。逆にクロージングをしっかりやらなければ、せっかくの結論もムダになってしまいます。

最後に必ず、いったん議題を離れて本日の会議の進め方や、終わった後の率直なフィードバックについて話を聞く機会を持つように心がけましょう。これは、チェックアウト（check-out）と呼ばれています。良いチェックアウトをすることで、会議の進め方＝ファシリテーションそのものについても総合的に振り返り、次回につなげることができます。また、このチェックアウトの段階で、思わず本音が出てしまうこともよくあり、今後の実行への手がかりの入手にもつながります。

■「次につなげる」がうまくいったときの参加者の状態：
- 会議後に自分が何を、いつまでにするか理解している（実行計画）
- 結論を自分の部署や関係者に説明することができる（主体性）
- 会議の進め方を振り返り、フィードバックが集まっている（客観性）

6　フォローする：Follow through

しばらく前のことですが、日本の某首相がオバマ大統領に会って話をしたときに「最後まできっちりできるのか？」という趣旨で、**Can you follow through?** と訊かれました。話をするだけでなく、言ったことを行動に移して目的達成までできるのか、と

いう趣旨です。

　ファシリテーションは問題解決です。しかも、解決した気になって結論を出して終わりではありません。**実際に問題が解決されるところまでを考える**ことが大切です。実務の中では、ファシリテーターが、合意したアクションをフォローする立場となって、成果を出すまで追いかけることもよくあります。こうして初めて問題が解決されたといえるのです。

　そのために、会議の最後には次に何をするかをコミットするのです。会議で合意したアクションを実際にやっているのか。当初想定した状況と変わってしまい、立ち往生している部分はないか。会議の参加者だけでなく、関連する人とどう情報共有をしながら実行していくのか…。

　こうした部分は、会議のファシリテーションからは一歩遠いところにあります。本書では実際の仕事の進め方としてのファシリテーションを紹介するという趣旨から、基本的な考え方とツール、その使い方までをご紹介します。

■「フォローする」がうまくいったときの状態：
・定期的にアクションの実施状況が確認されている（進捗確認）
・問題が解決されたことが確認された（目標達成）

ファシリテーションの6つのステップ
Six Steps for Facilitation

ステップ1／準備する

「準備する」は、ファシリテーションでもっとも大切なステップです。

そもそも何のために、なぜ、誰と誰が、いつどこで会って、どうやって話を進めるかという基盤を作るステップだからです。なかばルーチンと化してしまったような会議でも、定型的なアジェンダの中に毎回の目的を改めて確認し、当日の議論から何か前に進めるようなアクションを導きましょう。

会議や打ち合わせで、全員が議論して結論を合意する。これを表舞台だとすると、準備は裏舞台にあたります。会議を成功させるためには、この裏舞台での準備がもっとも大切です。「ファシリテーションは、準備が8割」とも言われます。筆者も実際にファシリテーションを自分がするようになって、その言葉の意味がよく分かりました。

「準備する」のステップでは、会議や打ち合わせで使う進行の段取りや、そもそもの目的をまとめたアジェンダを完成させ、どこで誰が集まって会議や打ち合わせをするかの連絡までをおこないます。

目的：
- 効果的で効率的な会議を実施するための準備をおこなう：To prepare for an effective and efficient meeting

流れ：
- 目的を確認する：Defining Objective
- 参加者を確定する：Selecting Participants
- 会議の設計をする：Designing the Agenda
- 必要な環境を設定する：Preparing Logistics and Administration
- 成功イメージを持つ：Visioning for Success
- 設営を確認する：Checking the Setup

1 目的を確認する
Defining Objective

「何が問題か？」「達成したいことは何か？」など、そもそもなぜファシリテーションが必要なのかを確認します。この内容が、今後のすべての項目の前提になります。目的をしっかり確認することは、ファシリテーションの基本です。

　ファシリテーションの準備において一番大切なことは、その会議の目的を確認することです。What will you facilitate the meeting in Singapore next month?「来月のシンガポールでの会議をファシリテーションしてくれないか？」と依頼されたら、What is the background of the meeting?「このミーティングの背景は何？」と問います。たとえば、「販促計画について関係各社の理解がバラついている」という状況です。

　こうした背景情報から出発し、目的・目標・当日の成果物などをあらかじめ設定しましょう。What exactly is the output you expect? What is the goal?「この会議から具体的に期待するアウトプットは何？　何がゴールなんだい？」と問えば、会議の進め方やゴールがより明確になります。たとえば「販促の開始日、予算額、担当者までを決める」とすると、より具体的です。

　重要なのは、ファシリテーションをするあなたが、**主催者のニーズをしっかり理解し、把握する**ことです。

- なぜこの会議が必要なのか（背景）
- 当日どのような意思決定や理解がなされたら成功といえるのか
- そのためには誰が必要なのか
- 参加する出席者の特徴

など、さまざまな確認事項があるはずです。こうした内容について主催者や主要な参加者と話し合いながらまとめていくこと、その行為自体がすでにファシリテーションなのです。

➡ 使える言い回し

ひとつの場所で実際に会うことは意味があることだと思う。
- Ⓕ I think it makes sense for us to get together at one place.
- Ⓢ "Face to face meeting" is necessary.

会議の目的を共有してくれないかな？
- Ⓕ Please tell me about the objective of the meeting?

ミッションの下に、チームの皆が１つになるためだ。
- Ⓕ To align our team members toward our mission.

ただの会議じゃない。ワークショップのようなものにしたいな。
- Ⓕ It is not just a meeting. I want it to be like a workshop.

この目的を達成するために、なぜワークショップをするの？
- Ⓢ Why a workshop to achieve your objective?

自由に自分の考えを話せる環境にしたいからだ。
- Ⓕ I want the environment where our members feel safe to speak out.

営業の行動を一致させる必要がある。
- Ⓕ We have to align the behavior of Sales.

キャンペーンを実行する難しさについても話しておく必要がある。
- Ⓕ It is also necessary to talk about the difficulty of running the campaign.

これはチーム・ビルディングでもあります。
- Ⓕ This is also about team building.

ワークショップ後、アクションについてフォローアップしたい。
F After the workshop, I want to follow up on the action items.

＋ワンポイント

　準備は言い換えると、会議全体の設計です。そのためには、**Why**、**Who**、**What** 等の 5W+1H の疑問詞がフル稼働します。クローズド・クエスチョンはできるだけ避けて、オープンに会議主催者の考えを引き出したり、一緒に考える姿勢が大切です。

　align は「一丸となる、ひとつになる」という意味で、特にチームや組織に同じ方向を向かせたいときによく使います。ファシリテーションの目的がチームとしての意思決定だと考えると、頻出する単語です。

　目的について話をする際、簡単に言うためには「**to+** 動詞（…するため）」というだけでも十分です。極端に言えば、**Why?** と訊かれた時に、**To agree.** や **To cut cost.** など、**to+** 動詞だけでも十分答えになりうるということです。また単純に名詞だけでも意外に意味は伝わります。本書で使っている **S** の表現でのやりとりを見てみましょう。

Why a meeting?「どうして会議が必要なんだ？」
To align on the vision.「ビジョンに沿って一致するためさ」
What difficulty? How difficult?「どんな難しさがある？　どのくらい難しい？」
Many different ideas.「いろいろな考え方があることかな」
How to lead the meeting?「どうやって会議をリードする？」
Open discussion. Workshop-style.「さっくばらんに、ワークショップ形式で」

　これだけだと変な英語のように見えますが、実際にスムーズな会話をしていれば、恐らくまったく違和感なく聞こえますし、むしろ普通です。とはいえ、質問はある程度簡単ですが、その答えとしては、こうして短く答えた後に、しっかり自説を説明できればベターですね。

2 参加者を確定する
Selecting Participants

> 目的が決まることで、おのずと必要な参加者も固まってきます。テーマについて参加者ごとの利害関係を事前に分析し、実際の会議の場面を想定しておくことも大切です。

　目的を確認し、当日の目標や成果物が決まると、そのために誰が必要なのかという話になっていきます。まず最低限誰が必要かを考え、その後追加が必要かどうかを考えましょう。

　ある販促物の企画会議を例に挙げてみます。会議の目的は、新商品の販促キャンペーン実施のためのスケジュールと予算の確定とします。「成果物」は、半年間の大まかなスケジュールと、展開するキャンペーンの概要及び予算の合意。主催はマーケティングの役員です。

　参加者は、まず社内の販促物作成に関わる人です。加えて、「営業の声を聞いてみたい」というニーズがあるかもしれませんし、「広告代理店の担当者も必要ではないか」という声もあるかもしれません。一方で、考えられる人すべてが出席すると人数が増え、話がブレて結果が出ないことがあります。

　そこで、主催者が「何を」「誰と話して決めたいか」から考えてみます。まずは、**「会議の目的（当日の目標や成果物）を達成させるために絶対に必要な人」**を基本ルールにしましょう。

利害関係者分析

　さて、出席者候補が決まったら、個人についての理解を深めましょう。この時に有効なのが、「利害関係者分析（stakeholder analysis）」です。利害関係者分析とは、文字通り**会議に参加している人やテーマに関係のある人たちのポジションを分析し、**

図16. 利害関係者分析の進め方

1	出席者の一覧表を作る。
2	当日出席はしないが会議の議題に深く関わる、または重要な参加者との関係が深い「関係者」もリスト化する。
3	各関係者の会議の議題や方向性への意見(ポジション)を、【1:強く反対、2:反対、3:中立、4:賛成、5:強く賛成】などと分ける。通常は主催者とファシリテーター、それに一部の限られた人でおこなう。
4	ポジションを確認したら、その理由や会議への影響を考える。各ポジションの人を、当日までにどの位置まで変更させるかを決めるとよい。
5	各ポジションの人への働きかけを検討し、実行する。会議には出席しない関係者への働きかけが特に重要になる。

働きかけることです。重要な意思決定の際にはもちろん、同じメンバーで会議を継続するときにも早めに利害関係者分析をおこない、参加者の関係性を見極めておくとよいでしょう。

たとえば、参加者のリストを見ながら、**Is there any specific person we should pay some attention to?**「関係者の中で特に関係性を配慮しておいたほうがよい参加者がいたら教えてくれませんか?」など、特徴的な参加者についての情報を聞き出します。

そんな中で、「営業と物流は普段からかなり頻繁に情報交換していますが、実はマー

図17. 利害関係者分析

利害関係者 Stakeholder	現在のポジションと目標 Current and Desired Position	理由と主な影響 Influence and Rationale	働きかける内容 Action Plan
財務本部長 CFO	✗—2—③—4—5	コスト情報の不足 Lack of cost related information	個別訪問で説明 Arrange one-on-one meeting
営業マネジャー Sales Manager	1—2—✗—④—5	営業への影響はないと思っている Considers no impact on sales function	ランチで営業事務削減に繋がることを伝える Explain a potential reduction of admin work at lunch

✗:現状 ○:目標

ケティングと営業が予算の策定で以前かなりもめたことがあります」「現在もあまりコミュニケーションが良くないようです。スタッフの間でもどうも関係が良くないようで…」などという背景が聞こえてきたとしましょう。

ファシリテーターとしては、To advance the initiative, let's make a list of stakeholders. Then analyze the situation and take necessary actions before the meeting.「この取り組みを前に進めるために、今回の参加者や関係者の一覧を作り、その分析をして必要なアクションをとって会議に臨みましょう」という提案に持っていきたいですね。

利害関係者分析の実施方法は非常に簡単ですが、会議の重要性や大きさによってどこまでやるかが異なります。慣れてくれば、議題と参加者が決まった時点で何をすべきか見えてくるでしょう。また、利害関係者分析をすることで、仮に意見そのものが変わらなくても、会議当日の議論のまとめ方や質問の仕方、順番、言葉の選び方などが変わってくるはずです。

このような事前調整は、本質的な業務ではない「社内政治（company politics）」のような印象を持つかもしれません。しかし、アジア、ヨーロッパ、アメリカ等で仕事ができるリーダーは、こうした社内的な政治力学や感情的対立（affective conflict）などについての配慮やアクションを、日本以上にしっかりしています。政治とは、人々に影響力（power）を及ぼし、意思決定をしていくことです。目的のために人間関係やその影響力を分析し、対応することは、ビジネススキルとして必要です。

→ 使える言い回し

ワークショップに参加すべきなのは誰かな？
Ⓕ Who should attend the workshop?

参加者について知っておいたほうがよいことは？
Ⓕ What do I need to know about the participants?

チャールズはこの計画に反対だと思う？
Ⓕ Do you think Charles is against this plan?

彼が少なくとも中立に動くようにするには、どうすればよいかな？
Ⓕ How can we move him to neutral, at least?

アンドレアスはリチャードに影響力がある？
Ⓕ Is Andreas influential over Richard?

彼とカジュアルに話すように誘ってみようか、たとえばコーヒーブレークとか。
Ⓕ Let's invite him for a casual talk, like a coffee break.

＋ワンポイント

ここは、参加者やその人間関係についての会話ですので、完璧な英語にこだわることはありません。むしろ、ネイティブスピーカーこそ、聞きたいことのキーワードだけを使って会話します。人数の確認は How many people? で十分であって、How many people will attend the meeting? と言う必要はないのです。日本語でも同じですよね。

同様に、出席する人々の概要を知りたい場合でも、文法的に正しくなくとも文脈のなかで「どんな人々なのか？」と言えば、意図は明白です。キーワードだけを使い、**What is the background?** などと言えばよいでしょう。ちなみに **background** は、個人がどんな人かを訊くときに使う定番の単語です。

3 会議の設計をする
Designing the Agenda

> 目的と参加者を決めたら、話し合いの進め方を「見える化」し、アジェンダとしてまとめておきましょう。参加者には事前に共有することで、当日の進行が効率的になります。

　自分が中心になって会議を企画する場合でも、他に主催者がいる場合でも、目的や進め方等、会議の設計を書いて確認することは大切です。ここで活用したいのがアジェンダ（agenda）です。**アジェンダは会議での検討事項をあらかじめ書き出したもので、これを元にしてファシリテーターは当日の進行手順についても考えておきます。**進行手順とは、どのような議論や合意を、どんな順番でどんなツールを使いながら積み重ねる必要があるかなど、アジェンダに沿って会議をするための段取りに相当します。

　以下に、会議で必要なアジェンダや進行手順書（stream memo）の具体的な書き方や活用法を解説します。

アジェンダ：Agenda

　ある程度会議の準備をしたところで、主要関係者に会議の内容や出席者リスト、アジェンダ等を共有します。アジェンダは以下の内容を端的に記したもので、通常A4用紙1枚にまとめます。

```
目的　　Objective
当日の期待成果物　　Deliverable / Output
日時、場所　　Day and time, Place
参加者　　Participants
時間配分と議論内容　　Schedule, Discussion topic
```

アジェンダの作成にあたり、ファシリテーターは主催者にさまざまな確認をします。参加者の中のキーマンと当日の目的や流れについて必ず確認をしましょう。自分と相手の認識は常に違うもの。異なる目からのチェックを入れることは必須です。

> ・なぜ会議が必要なのか　Why
> ・何を目的とし、成果物とするのか　What
> ・誰の出席が必要なのか　Who
> ・どのように進めるのか、時間はどの程度必要か　How, How much time
> ・いつ、どこでやるのか　When and where

上記項目を確認してアジェンダを作成したら、主催者、もしくは数名のキーマンに見せた上で参加者に配布しましょう。アジェンダを配布することで、参加者も、なぜ自分が招集されたのか分かります。

口頭だけのキャッチボールで話が進み、理解されたと思っていることでも、いざ書こうとしてみると意外と具体的に書けないものです。また、口頭だけで済ますのとは違い、書かれたものは残るため、誤解や曲解を早めに見つけ出すこともできます。

英語でアジェンダを作成する際に不安があれば、会議関係者以外に頼んで、自分の意図が伝わる表現になっているかを確認しましょう。特に会議を英語で実施する場合には、目的や進め方が意図通りのニュアンスで伝わるかの事前確認が大切になります。

進行手順：Stream of Discussion

進行手順は、会議の目的や目標を達成するために、ファシリテーターとしてどのような進め方をするかの段取りです。より詳しいシナリオのようなものです。**最後のアウトプットを出すために議論の構成をし、その上で使うツールや議論のフレームを考え、必要な時間を想定します。** たとえば議論の整理にどんな枠組み（framework）を使うかを書いておくと、議論に必要な材料や準備も明らかになります。

アジェンダに沿って、どのように議論を活性化し、どんな枠組みで議論を整理する

か。いくつか異なる流れも想定してオプションを考えるなど、当日を念頭に置いて頭の中でシミュレーションします。

　ファシリテーションが必要とされる会議が、アジェンダや進行手順書通りに流れることはまずありません。しかし、進行手順を準備しておくのと、おかないのでは、当日の対応力に雲泥の差が出ます。

　参加人数や顔ぶれ、課題の大きさ等を考え、時間配分から実施可能なツール、議論に使うフレームワークを考えるのです。こうして具体的になることで、いろいろな不安や、必要な事前準備が明らかになります。状況によっては、ここで参加者の再調整をします。

　たとえば、短い時間で大人数が話し合おうとすると、収拾がつかず、かつ一部の人だけの議論に偏りがちになりそうです。そこで、頭の中で「全体を2～3の小グループに分け、そのグループで話し合ってもらった結果を共有し合ってはどうだろう、その時は付箋セッションだな。整理の枠組みは、顧客（**Customer**）・競合（**Competitor**）・自社（**Company**）の 3C でよいとして、自社については最初からチャネル担当部門と地域ごとのセールスチームと工場を入れておくか…」といった具

図18. 進行手順

ステップ Step	誰が Who	何を What	時間 Time	使用ツール・備品 Tool, facility
開始する Open	XX部長 XX GM	本日の期待を共有 Share expectation	5 min.	
	ファシリテーター Facilitator	目的、ゴール、進め方の説明 Explain objective, goal, and process	5 min.	アジェンダ Agenda
	ファシリテーター Facilitator	期待と不安の表明 Expectations and Concerns | 期待 Expectations | 不安 Concerns | |---|---|	20 min.	フリップチャート Flip chart
	ファシリテーター Facilitator	議論が開始できるかの確認 Check readiness to start	3 min.	
発展させる Develop				

合に議論をまとめる方法やメンバーなどを考えます。

　すると、意思決定や分析のための情報が不足している項目が見つかるかもしれません。その場合は、当日までに情報を収集し共有しておくこともできるでしょう。

　進行手順書までは事前に共有する必要はありませんが、場合によっては会議当日、どのように進めるのかを説明したほうがよい場合もあります。その時は、配布するか、プロジェクタで映すなどして、議論の進め方を共有しましょう。情報を共有することで、参加者が積極的に会議に貢献してくれることもあります。

　アジェンダにしても進行手順書にしても、そのとおりに進められる会議はまずありません。入念に準備をし、アジェンダを事前配布していても、当日の目的やアウトプットそのものについての大議論からスタートすることも多々あるはずです。
　そんなときは「やれるだけの準備をやっていたし、むしろ課題や問題が分かってよかった」と前向きに受け止めることです。その上で、参加者の力を借りて、その場でアジェンダを変更できるようになるのが理想です。

4 必要な環境を設定する

Preparing Logistics and Administration

> 会議の準備で盲点になりがちなのが、事務的な準備や場所、備品などの環境整備です。話し合いに集中できて、必要な小道具がしっかり揃っているような環境を作ります。準備不足が原因で不用意に時間をロスしないよう注意しましょう。

ロジスティクスという言葉をご存じですか。日本では運送系の言葉として理解されていることが多いのですが、海外のビジネスでは違う意味で使われています。たとえば、Can you take care of logistics? や logistics and administration といった具合です。

「悪いけど今度のワークショップのロジ、やっといてくれる?」と日本語化されて使われることもあります。これはモノを運んでくれということではありません。ミーティングや打ち合わせをする際の部屋の確保や参加者への連絡、データの準備など、事務的な手続きや手配全般と考えておくとよいでしょう。

自社オフィス以外の場所で会議を実施する場合、必要なロジスティクスの大半は基本的には現地側（開催場所）にお願いすることになります。とはいえ、しっかり依頼をしないと、せっかくの準備がつまらないことで台無しになってしまいます。

「誰が」「何を」「いつまでに」

特に、開催地以外の国からの参加者がいる場合には「誰が」「何を」「いつまでに」担当するのかを明確にしておかないと、時間が間違っていたり宿泊先がなかったりなど、思わぬトラブルに見舞われることがあります。

会議の最後には、「誰が」「何を」「いつまでに」の3つで十分なこともありますが、会議環境やその準備のためには「どうやって」や「どのくらい（量など）」までしっかり確定しないと、想定外のトラブルが発生することがあります。著者が一番驚いたのは、「フリップチャート（大きな紙）」と書いて準備をお願いしたら、当日あったのは大

量の A3 判くらいの大きさのコピー用紙だったことでした。確かに大きな紙ではあるのですが、ホテルや会場設営の方は、そもそも何のために大きな紙が必要かまで気を回して考えてくれるわけではありません。そうすると、具体的に大きいとはタテ・ヨコ何センチなのか、とか、大量にではなく何枚なのかまで指定しないと正確にこちらの意図が伝わりません。

　その点、日本人同士だと阿吽(あうん)の呼吸や「慣れ」でうまくいくのですが、こうした点をもう一度しっかり細かく定義することをお勧めします。

机のレイアウト

　会議室の環境も、ファシリテーションにおいて大きな影響を及ぼします。特に机のレイアウトは重要で、全員からスクリーンが見えるようにすることが基本です。

　人数が多い場合は机を大きな「ロの字型」に並べたり、机を中心に集めて「島型」に並べたりしますが、10人程度の会議でお勧めしたいのが、並べた机の一辺を開けておく「Uの字型」の配列です。これは英語では **U-shape** と呼ぶことが多いのですが、机で塞がれていない辺にファシリテーターが立ち、フリップチャートを2〜3名あたり1台程度配置できれば完璧でしょう。

　逆に避けたいのは、長いテーブルの両側に3〜4名ずつ向かい合わせで座る形です。不必要に「向こう側とこちら側」という境界線を引くことになります。

　著者は以前、席のレイアウトや席順なんて大して重要ではないと考えていました。

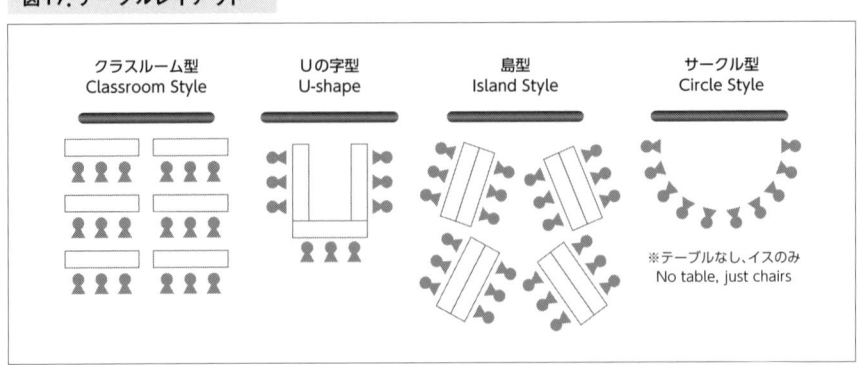

図19. テーブルレイアウト

クラスルーム型　Classroom Style
Uの字型　U-shape
島型　Island Style
サークル型　Circle Style
※テーブルなし、イスのみ
No table, just chairs

しかしながら、実際こうした仕事をしてみると、「準備の段階からこの2人は一緒に座らせないほうがいいかも」といった気づきや、**机のレイアウトで議論の活性化度合いが変わる**ことを体験して、考え方を変えました。こうした環境要因というのは、しっかり時間を使うに足るだけ最終的な効果に影響があります。

国情による違い

参加者の地域もおろそかにできません。フライト時間の都合で参加者が丸1日いられないとか、食事に制限がある（アジアには想像以上にベジタリアンが多い）とか、お祈りのため昼休みは1時間半必要だとか、気を遣うことは多岐にわたります。地域や宗教、言語、文化などが異なる人々が一堂に会す際には、多様な習慣や考え方があることを理解しておかないと、会議開催や目的達成に大きく影響します。

ある大規模企業で、アジア地域を廻りながら実施する研修を企画担当した方にお話を聞いたことがあります。日本企業の人事部の方の「普通の」感覚では、30人以上の現地法人社員の方と、10人程度の企画側スタッフ（日本本社、外部コンサルタント）も含めて移動が複数の国で発生する内容の、宿泊場所、参加者リスト等の基本ラインは、数カ月前にビシッと準備されているのが普通です。

その感覚で現地の人事担当の方と調整しても、そもそもなぜ数カ月前から確定させるのかを分かってもらうのに時間がかかり、次に、設定した時期についてのクレームがなかったにもかかわらず、開催1カ月前になって「この週は大事なローカルセールスのイベントで半数くらいの人が出席できません」と連絡が来ます。

場所についても、以前、筆者の同僚が海外でファシリテーションをした際、ほとんど同じ名前のホテルがあったため、参加者は正しいホテルに着いたにもかかわらず同僚は違うホテルに行ってしまったことがありました。海外の大都市には、意外なほど似たような名前の土地やホテ

図20. 会議には開放的な空間が望ましい（窓の外はテムズ川）

CHAPTER3　ファシリテーションの6つのステップ

ルがあるので注意したいものです。

　ビザの問題もあります。日本のパスポートは、世界のほとんどの国にかなり自由に入れますが、インドは事前申請でビザが必要なのです（2014年10月時点）。筆者は3年前に初めてインドに出張した際、パスポートコントロールでビザを確認され冷や汗をかきました。

　結局はVisa on arrival（到着時ビザ申請）という窓口があり、事前のビザがなくても、到着した空港の窓口で少し並んで費用を払えば、ビザのスタンプを押してくれました。アジアの中で複数の参加者が集まる際には、それぞれの国の人について、他国への入国に対してビザが必要か、改めて確認しておきましょう。

開催場所とのコミュニケーション

　開催場所への準備状況確認は、繰り返しおこなうと「細かすぎると思われるのでは」と心配されるかもしれません。しかし、開催場所側の手配担当者にも、スキルやモチベーションのバラつきがあるものです。最終的な責任を負うのは自分です。やりすぎということはありません。海外のホテルで定評にまでなっているかは分かりませんが、やはり日本人はグローバルで「細かい」「完璧主義すぎる」という位置づけになっています。それを気にしすぎずに、必要な確認はある程度の頻度でしっかりやっておいたほうがよいでしょう。

　個人的な経験から言えば、優秀な担当者であれば、確認をしようがしまいが、しっかり仕切ってくれます。そして優秀であれば、こちらの確認の頻度が普通より多かろうが、そもそもそれもしっかり対応してくれます。

　そうでない担当者の場合は、そもそも仕切りができないわけですから、下手に遠慮をしていると、むしろ「聞いていなかった」と逆に弁明のきっかけを作ってしまいます。これは海外かどうかにかかわらず、日本も含めて世界中どこでも言えることです。

　ちなみに筆者は、最低2回は確認するようにしています。まず全体像が確定し、役割分担をした直後。そして開催日時の1週間から数日前にも最終確認をするようにしています。できるだけホテルに着いてからすぐに担当者と直接会って会場を見せてもらって確認します。前泊する場合には必ず前日に担当者と直接会って確認を取るようにしています。

思い込みをしない

ここで言う思い込みとは、「伝えたつもり」になるということ。特に海外のホテルで会議をする際には注意が必要です。リクエストとは異なり、窓のない暗い地下室になっていたり、エアコンが効いていなかったり、ドアが閉まらなかったり、1日に何度も停電したり…。日本では考えられないことが「必ず」あります。

ホテルのスタッフとの打ち合わせは、文章だけでなく、ときには図やイラストを使っておこない、当日開始の1時間前には会場設営を確認するようにしましょう。

ただし、準備した上で発生したトラブルについては、その場の流れに任せて対応する割り切りが必要です。海外の方から見ると、日本人の多くはすべての面で完璧主義です。まぁ、大らかにいきましょう。

図21にあるように、備品については、必要なもの、個数、担当者、注意事項等を明記し、関係者と事前に共有しておきましょう。

➡ 使える言い回し

今回の参加者は12人、ファシリテーターと事務局で3人、合計15人です。
Ⓢ 12 participants, 1 facilitator and 2 observers, total 15 people will attend.
＊「事務局」に直接対応する表現は英語にはありません。staffまたはobserverです

テーブルは島のように配置してください。
Ⓕ Can you arrange the table into island style?

フリップチャートは必ずテーブルごとにイーゼルを付けて準備してください。
Ⓕ We need an easel for the flip chart for each table, please.
＊イーゼル：フリップチャート用のスタンド

ミーティングルームは窓がある部屋を予約してください。
Ⓕ Please reserve a meeting room with a window.

図21. 備品確認表

Preparation Check List
準備チェックリスト

Date of issue: November 1st, 2014
発行日:2014年11月1日

Workshop Title 会議名	Marketing Manager Meeting マーケティング・マネジャー会議	
Date of Delivery 実施日	2014/12/1,2 2014年12月1, 2日	Jakarta ジャカルタ

In charge: Nobuyuki Ota
Contact Number: +81-XX-XXXX-XXXX
担当:太田信之
連絡先:+81-XX-XXXX-XXXX

	Item アイテム	Number 数	Note 特記事項
Equipment 備品	Personal computer PC	1	
	Projector and Screen プロジェクタとスクリーン	1	HDMI cable required HDMIケーブル要
	Whiteboard ホワイトボード	3	
	Whiteboard Marker ホワイトボードマーカー	16	12-Black　黒12本 2-Blue　青2本 2-Red　赤2本
	Large sheet of paper 大きなサイズの紙	70	Must be bigger than 50 cm x 70cm 50cm×70cm以上であること
	Flip chart フリップチャート	1	
	A4 or letter size memo A4判かレターサイズのメモ	30	
	Post-it note 付箋	3 blocks (different color) 違った色で3個	Preferably 3' × 5' inch (76mm × 127mm) なるべく3×5インチ (76mm × 127mm)
	Name plate ネームプレート		
	List of participants 参加者リスト		
	Table layout image テーブルレイアウト図		
Operation 運営	Setting up the room 部屋の設営		Must be ready at 8 am, Dec.1 12月1日朝8時までに準備できていること
Requested Layout レイアウト	U-shape Uの字型		イスは14脚 14 chairs
Note 特記事項	Documents will be brought in by participants – no need of printing 書類は参加者が持参――印刷の必要なし		

プロジェクタのケーブルは3メートル以上のものを準備してください。
🄕 Please prepare a projector cable, longer than 3 m.

確認のため、部屋のレイアウト図を送ってください。
🄕 For confirmation, can you send us the layout image of the room?

5 成功イメージを持つ
Visioning for Success

> 準備の仕上げは、会議の成功イメージを持つことです。リハーサルなどもおこない、困難が想定されるファシリテーションをやりきって結果を出すための胆力を鍛えます。

　ある会議の準備風景を例に挙げてみましょう。その会議のファシリテーターは、進行手順書（stream memo）を白い紙に手書きしています。
　まず目的と目標、成果物を書きます。加えて一番下に、「会議後」という部分を書き加えます。たとえば「チームメンバーが、1日集まって議論をしたことで相互理解やビジネスプランの理解が進む。**Let's make it happen!**（やってやろうぜ！）と言っている」と書き入れます。会議の成功イメージを作っているのです。
　そのファシリテーターは、重要な会議や報告会があると、必ずそれがうまくいった時の状況をできるだけ鮮やかに「思い出す」ことにしています。**すでに起こった事実として頭に思い浮かべる。その上で、その状態にどうやって到達するのかと考え、細かいアクションや段取りに落とし込んでいくのです。**
　すべての手配が終わったら、今度は当日発生しそうなトラブルや、それをどう切り抜けるかもできるだけ具体的にイメージします。その過程でファシリテーターとして、どのように振る舞っているでしょうか。参加者の様子はどうでしょうか。

　状況を具体的に想像することで、アジェンダや進行手順書への対応力が一気に高まります。主催者に時間があったら、ファシリテーターであるあなたと2人で、最初から最後までどんなことが起こるかをつぶやきながらシミュレーションしてもよいでしょう。

　筆者は新しい顧客や新しいテーマでファシリテーションを実施する際、必ず前の晩1人でいろいろ想像しながらリハーサルをしています。

ホテルの部屋で舞台俳優のように声を出して、自分が話すべき内容や訊かれそうな質問をすべて英語で一人芝居するのです。2〜3時間になることもよくあります。実際に身体を動かすことで、具体的な場面を想定しツールの使い方も再確認できます。また不思議なもので、書いたものの字面だけを追いかけているときは分かった気になっていたのが、実際に声に出して説明しようとすると行き詰まることがよくあります。その時は前後のつなぎや、使われている資料の内容や表現自体を修正します。

　アジェンダに沿ってこうしたリハーサルをすることで、会議の実施の前提が、想定通りいかなかったらと不安になります。その場合、じたばたしても始まりません。起こってしまったら困ることを、まずリストにしましょう。そして実際に起こってしまったら、どう対応するかのバックアッププランを考えておきます。こうするだけで、ずいぶんと気持ちも落ち着くものです。

➡ 使える言い回し

アジェンダに沿ってリハーサル（=walk through）しよう。
- Ⓕ Let's walk through the agenda.

朝9時半に現地からの参加者が時間通りに来なかったらどうしよう？
- Ⓕ At 9:30 am, what if the local participants don't show up on time?
- ＊アジア主要都市では朝の道路渋滞がひどく、到着時間が予想できないこともあります

A案を選択することになったら、一番気にするのは誰だろう？
- Ⓕ Who would be concerned most if Option A were selected?
- Ⓢ Option A – Who'd be bothered?

もし部長（John）が反対したら、そこで休憩して話すしかないな。
- Ⓕ If John didn't like the idea, I'd take a break to talk to him.

ワークショップの最後でどんなことになっているか（=ビジョン）想像がつく？
- Ⓕ Can you see a vision at the end of the workshop?

私たち全員がすごく興奮して、解決策の導入に燃えている。
- Ⓕ All of us are excited and committed to implementing these solutions.
- Ⓢ All of us excited and committed for implementation.

＋ワンポイント

　これらは、ワークショップや会議の状況を問う質問です。むしろコーチやメンターが、ファシリテーターであるあなたに訊いてくれると良い言葉ですね。文法的には仮定法が使われることが多いのですが、現在形で普通に言ったとしてもまったく問題なく通じます。

　また「私たち」という言い方についてはすでに触れました。シンプルに言えば we ですが、あえて all of us を使うと、自分も含めた全員の一体感をより強調することができます。海外での著名なスピーチではときどき all of us here today（今日ここにいる私たち全員）という言い方で、話者が聴衆との一体感を作り出しています。

6 設営を確認する
Checking the Setup

> 会議がスムーズにおこなえるか、スタート前に設営状態を確認します。設備や備品、配布資料は揃っていますか。不備があった場合も慌てずに対処しましょう。

　会場がいつも使用している社内の会議室でないなら、ファシリテーターは、打ち合わせ場所には参加者より早く到着するようにします。少し大きなミーティングでは開始の 45 分前が目安です。たとえ身内だけの打ち合わせであっても、少なくとも他の参加者よりは早く到着しているようにしてください。

　その理由は、会場の設営状態の確認です。設備、備品、必要資料等は大丈夫ですか？　備品は動作確認までおこないます。特にプロジェクタ、スクリーン（意外に忘れがち！）や、PC との接続についても確認することをお勧めします。配布資料があれば、誰がどうやって準備するのか、手配時に確認しておきましょう。

　会場に着いたら、図 21 の Preparation Check List「準備チェックリスト」を見ながら、備品が揃っているか確認します。頼んだのに揃っていなかったり、違うものが来てしまっている場合は、まずは自分が頼んだものを明確にするために、I asked for... という表現を使います。Excuse me, I'm going to use the room today. Can I talk to you for checking up?「今日この会場を使う者ですが、確認したいことを話したいんですが」などと話しかければ、「では、部屋の担当者を呼んできます」となるはずです。

　ホテルなどでは、日本も含めて部屋全体の担当者兼顧客とのコミュニケーション担当と、実際の機器を準備する人は別です。社内で実施する際は、準備をお願いしている部署のこれまでの窓口となってくれた方と、事前に時間を決めて会議室の中で会うようにしておきましょう。

　海外では、運営についての文化的な感覚の違いから、いろいろ驚く環境があります。頼んでいたフリップチャートが、ただのコピー用紙になっていた例はすでに紹介しましたが、このように頼んだものと違うものが出てくることなどはしばしばです。どんな驚

きがあるか楽しみにするくらいの気分でいたほうが精神的にはよいかもしれません。きちんと揃っているかどうかよりは、想定した運営の重大な障害になるかどうかというスタンスで確認するようにしましょう。

そのためにも必要なのは**会場に早く入り、状況を確認する**ことです。大きなワークショップであれば1時間前。簡単な打ち合わせでも20分は前に来て、設営の確認をしたり、最終的な進め方を頭のなかでリハーサルしながら参加者の到着を待てるのがベストです。

➡ 使える言い回し

プロジェクタを使いたかったんだけど、ここにないんですが。
- Ⓕ I asked for a projector, but it is not here.
- Ⓢ Where is a projector?（語尾を上げて）

パソコンからプロジェクタに映るか試してみたほうがいいですよ。
（プロジェクタを指差しながら）
- Ⓕ It is better to try the projector from your PC.
- Ⓢ Try from your PC, please.

黒いペンと赤いペンを2本ずつ持ってきてくれませんか?
- Ⓕ Can you bring 2 black and 2 red pens, please?
- Ⓢ 2 black pens and 2 red pens, please.

これは本当に重要なんだ。すぐに対応してくれないかな?
- Ⓕ This is really important and can you do it immediately?
- Ⓢ It's important. Quickly, please.

┃＋ワンポイント

設営の確認の際に使う英語こそ、まさにシンプル・イズ・ベスト。端的かつ直接的な表現で、誤解を避けて素早く必要な修正をしましょう。

ファシリテーションの6つのステップ
Six Steps for Facilitation

ステップ2／開始する

　準備が整ったところで実際の会議・打ち合わせを開始しましょう。最初にファシリテーターがすべきことは何でしょうか？

　「開始する」のステップでは、まず参加者に目的を理解してもらい、議論する気持ちになってもらいます。会議の目的や趣旨に賛同し、結論を出すことにコミットしてもらうことが第一歩です。これが達成できなければ、その後どんな議論をしても「言いたいことが言えなかった」「進め方に違和感があったが、仕方なく合意した」といった状態を作ってしまいます。

　会議が始まるまで、参加者が当日の目的や目標、議論の内容について知らないこともよくあります。事前に送ってある資料を読んではいても、その中の論点整理までして会議に臨む参加者は少数です。見方を変えればこのステップは、しっかり準備したシナリオに乗せて参加者に気持ちの上でスムーズに滑り出せるようにする唯一のタイミングなのです。

　参加者の期待値をしっかり理解し、会議の目的達成のために、ゴールへ向かう姿勢をとってもらいましょう。

目的：
・本題について議論をし、結果を出す心の準備を整える

流れと紹介するツール：
・参加者を迎え入れる：Welcoming Participants
・会議に気持ちを向けさせる：Engaging Minds into Meeting
・アイスブレークで場を和ませる：Breaking the Ice
・グラウンドルールを合意する：Agreeing to the Ground Rule
・駐車場を使って脱線を防ぐ：Using a Parking Lot

1 参加者を迎え入れる
Welcoming Participants

> 参加者を迎え入れる目的は、人間関係の構築と再確認です。初めての参加者への簡単な自己紹介や知己への近況報告をしたら、当日の内容に応じたキーマンに事前に接触しておきましょう。

　参加者を気持ちよく迎えることはとても重要です。海外での少し大きめのワークショップや会議では、最初の10分くらいはお互いの挨拶に費やされます。「社交」という言葉がありますが、三々五々話をしているように見えて、情報交換や腹の探り合いをしている情景を何度も目にしたことがあります。

　人が集まり始めてザワザワしている会議室で、あなたがファシリテーターだったら、黙々と器材の確認をしますか？　資料の確認をして開始時間まで過ごしますか？　むしろ積極的に参加者を迎え入れましょう。こうすることで人間関係も構築でき、なによりも自分自身が会議参加者の雰囲気の中に溶け込むことができます。気分も落ち着くはずです。そのためにも、必要な準備は開始前に終えているべきです。

　自分が一番ホッとする参加者を見つけたら、Hi, it's been a long time!「やぁ、久しぶり！」と話しかけたり、初めて会う人には、Hello, we have not met yet before, right?「まだお会いしたことがないですよね」と笑いかけて握手を求めたりしましょう。

　そのうち世間話だけでなく、Did you hear about...?「あれ、聞いた？」とか、Well, sorry to say, but honestly, I'm not really into the meeting today.「今日の会議、実はあまり乗り気じゃないんだよ、悪いけど」などと会議についての本音なども聞こえてくるはずです。これらはすべてファシリテーションをする上での重要な情報収集となります。

　海外では、挨拶や社交の結果、開始時間が多少遅れてもあまり気にされません。むしろ、こうした社交はすでに目的達成のための動きと考えられているからです。

　参加者が議題に関わる会話をしているのを耳にしたら、その発言の理由や発言者の状況を想定しておくのもいいでしょう。また「今日、何を報告すればいいかよく分

からないんだ」などという会話を聞いたら、「準備は大丈夫ですか？　何か手伝いましょうか」と少しでも声をかけて、懸念に応える姿勢をとります。こうすることで、目的と違う内容の話にならないよう予防線を張ることも可能です。

　少人数での打ち合わせや、定期的なメンバーの場合ではすでに気心が知れているでしょう。それでも、実際の打ち合わせが始まる前の「素」の状態の時に、参加者の本音の表情やキーワードが現れるものです。

　このように、**事前に参加者の様子を観察し、会議中にどのように振る舞う可能性があるのか頭の中でシミュレーションをしておく**と、気持ちの余裕が生まれます。

➡ 使える言い回し

こんにちは、タカシです。今日のファシリテーターを務めます。
F Hello, I'm Takashi. I'm your facilitator today.

チャールズ、久しぶりだなー、元気？
F Charles, long time no see, how are you?

元気だよ、いつもどおり忙しいけど。
S I'm fine, busy as usual.

ケント、来てくれてありがとう。
F Kent, thank you for coming.

今日のトピックで、気になることはある？
S Any concerns about today's topic?

会議が始まる前に何か手伝えることはありますか？
F Do you need some help before the meeting starts?

2 会議に気持ちを向けさせる
Engaging Minds into Meeting

> 開始のタイミングやムードにより、参加者を会議にうまく導き入れられるかが決まります。それだけで最初の効率もずいぶん変わってきます。参加予定者が揃っているか、事務的な内容や必要な資料や備品が準備できているかを確認したら、参加者の気持ちを会議に向け、しっかり会議を開始しましょう。

　会議の導入はできるだけ簡潔におこないます。参加者同士が交流で盛り上がっている状況では、主催者またはファシリテーターが声をかけないと延々と話は続きます。

　ここでは、ひと声かけながらコップの縁をペンで「チーン」とベルのように2度3度叩くと、自然と話が終わり各々席につき始めます。グラスやコップの縁を叩くのは、海外でよく見かける注目を集めるやり方です。少し高い音がするベルやガラスなどのほうが人の気持ちを切り替えるのに役立ちます。

　少人数の場合でも、Shall we start?「さぁ、始めようか」と明確に区切りを入れておきましょう。全員が席についたところで、アジェンダにある目的などを簡潔にゆっくりと大きな声で説明しましょう。しっかりした準備ができていれば、すでに知っている内容を明確に読みながら参加者の状況を見ることで、むしろペースをつかむことができます。

　予定の人数が揃っていない場合には、バックアッププランに従って速やかに進行させます。この際、自分だけで変更せずに、集合している人に質問をしながら進めることが大切です。

　海外では遅刻に関して、少なくともその場では驚くほど寛容です。また、公共の場でのメンツは日本人以上に尊重すべきものです。たとえ大幅に遅刻したとしても、よほどのことがない限り個人を大勢の前で感情的に叱ったり、責めたりするのは禁物です。むしろ、It must have been tough to get here. I'm glad you made it!「大変だっただろう、よく着けたね」と声をかけてみましょう。

ファシリテーターとして、時間は気になるところです。感情的にもなると思いますが、ここでファシリテーターであるあなたが1人感情的になっても、得るものはありません。むしろ、残りの時間とのバランスでアジェンダを再設計するなど、現実的な対応に時間を使いましょう。

　参加者のマインドをある程度会議に向けたら、むしろ淡々と、かつゆっくりと参加者の顔を見ながら必要な内容を説明しましょう。アイコンタクトが取れてさえいれば、準備されていた内容を読み上げる形でもまったく問題ありません。開始するというステップを踏み、皆の前で声を出すことで、存在感を確立することができます。また、ファシリテーターとしてもまずは最初の仕事を筋書き通りこなすことで、一息つくことができます。

　会議やファシリテーションに筋書きはあっても、その通りに進まないことは多いと、何度か説明しました。その中で、唯一この**開始の部分だけは、かなりの確率で、準備したことをその通りに進めることができる**パートです。

　その特性をしっかり活かして、スムーズに会議を開始して、アジェンダを進めていきましょう。

図22. 交流で盛り上がっている気持ちを会議に向けさせる

➡ 使える言い回し

全員そろっていますか？
🄵 Are we all here?

ポールがまだのようだ。
🄵 Paul is missing.

今日発表されるあなたの資料を、私のパソコンに先に入れておいてもいいですか？
- (F) Can I have your presentation file on my PC now?
- (S) Copy your presentation file in my PC now?

時間だ、始めましょうか。
(ある程度、世間話や人数の確認をして徐々に雰囲気を作ってから)
- (F) It's time. Let's get started!

セールスデータは受け取りましたか？
- (F) Have you received the sales data?

これが本日のアジェンダです。
- (F) Here is today's agenda.

今日の目的とゴールを再確認しよう。
- (F) Let's reconfirm today's objective and goal.

今日は5時までに終わるようにしよう。
- (F) We would like to finish by 5 pm.

今日のトピックについてはずいぶん長いこと議論してきたよね。
- (F) We have discussed today's topic for a long time.

解決策を出す(心の)準備はできている？
- (F) Are you ready to deliver a solution today?

さあ、最初のトピックに移りましょう。
- (F) OK then, let's move on to our first topic.

▎+ワンポイント

　会議に気持ちを向けるためには、トーンの切り替えが必要です。そのためには開始の宣言をしっかりと発話しましょう。それまでは、ある程度の世間話やロジの確認（事前配布物の確認、当日の発表予定者のファイルをあらかじめ準備しておく等）をして、定刻になったら開始に向けたアクションをしっかりとりましょう。

　シンプルな開会宣言は、例文にあるように「時間だ、始めましょうか」だけで十分です。英語では **It's time.** で、「定刻です」等の意味が十分通じます。「始める」は **get started**、**begin**、**start** 等シンプルな動詞で言い換えられます。

　なお USB メモリーは、シンプルに **USB** だけだったり、**memory stick**（実際には別の製品の名前なのですが）と言われたりします。

　例文に「今日発表されるあなたの資料を、私のパソコンに先に入れておいてもいいですか？」という文があります。「この和文を英訳しなさい」という試験問題が出題されたとしたら、どうでしょうか。「今日発表されるあなたの資料」が "**the document which you will present today**" かな等、文法的に正しい表現を探そうと「考える」ことになるでしょう。考えている間に時間は流れ、話しかけようとしていた相手も、目の前からいなくなってしまうかもしれません。

　本書では和文を英文に置き換えるのではなく、「伝えたいことのキモを英語で表すとしたらどんな表現になるだろう」という視点で文例を作っています。

3 アイスブレークで場を和ませる
Breaking the Ice

参加者同士が打ち解けて話し合いができるようにするために、アイスブレークをおこないます。テーマや活動を説明した後、アイスブレークを促します。率直に会議についての期待や不安を共有することも効果的です。そして議論に向けた準備ができたかを確認しましょう。

　アイスブレークとは、仕事以外での経験や知識、スキル等直接の目的とは違うトピックを共有したりして、場を和ませることです。話した人に親しみが湧くのであれば、何でもアイスブレークのネタになります。

　よく使うトピックを2つ挙げましょう。この2つを使いながら、いわゆる自己紹介をすることで、参加者同士が作っている氷の壁が壊れ、笑いにより溶けることから、ice break と呼ばれています。

　たとえば比較的参加者が多い会議で、初顔も多いとしましょう。こうした会議でいきなり議論に入ると、氷の世界のように雰囲気はシーンとしてしまいます。そうした懸念が事前に分かっているのなら、Looks like we have a lot of participants today. Also, some of you may not know each other, I think? Well, let's spend some time on ice-breaking, what do you think?「今日は人数も少し多いし、初めての人も多そうだね。ちょっとアイスブレークをしようか。どう？」などと、アイスブレークに結びつけます。

・**最初の体験（Famous Firsts）**
　最初の仕事、最初の車、最初の引っ越し
　first job, first car, first relocation, etc.

・**ピーク体験、ヒーローインタビュー（Peak Experiences）**
　一番褒められたこと、一番の記録

best compliment, best record, etc.

図23. アイスブレークで参加者をリラックスさせる

「最初の体験」を使い、アイスブレークを兼ねて自己紹介するときの導入は次のようになります。

Let's introduce each other in a normal way. In addition, using this keyword "my first something," tell us about your famous experience in your life. Any experience is OK.

「1人ひとりの普通の自己紹介と同時に、〈最初の体験〉というキーワードを使って、皆さんの人生の中の最初の体験を教えてください。どんな体験でも構いませんよ」

このように導入するだけで、笑いが起きることがよくあります。「えー？」「デートとかでもいいんですか？」などと、参加者から自然に言葉が出てくるだけで、アイスブレークの効果を感じるでしょう。

余談になりますが、「笑い」については、日本人と海外の方ではそもそも考え方が違うように思います。これは個人的な視点なので、異論のある方もいるかもしれませんが、海外の方は日本人からしたら「こんなことで笑うか？」ということでも笑います。いや、笑ってくれます、というのが正しいかもしれません。

これはなにも、ファシリテーターであるあなたに過度に協力して笑おうとしているのではありません。むしろ笑うことで緊張感がなくなる、みんなとフランクに話ができる等の利点を、体験を通じて知っているのでしょう。ですから、「つまらないことを」などと思わずに、参加者以上に素直な笑顔で笑いながら一緒にやってみましょう。不思議なもので笑いが笑いを生み、自分もリラックスできると感じると思います。

海外でもすべての会議でアイスブレークをしているわけではありませんが、人数が多かったり、初対面同士が多かったりする場面で活用されています。たとえば、新任リーダーや役員を交えての最初の役員会、部門の事業計画立案のためのブレーンストーミング・セッションといった場面で使います。ざっくばらんな話ができるムードを作

る必要があるときには、一度やってみる価値があります。

→ 使える言い回し

議論に入る前に、ちょっと話しやすい雰囲気を作ろうか。
F Let's break the ice before we get into the discussion!

子供の頃の夢を教えてください。
F Please tell us about the dream you had when you were a child.
S Your childhood's dream? Tell us about it.

どんなトピックでもよいので、あなたの「初めて」について話してください。
F Any topic is OK, but please tell us a brief story about "your first" something.

たとえば、最初のデートでもOKですし、むしろ十分面白そうですよ。
F For example, "my first date" is totally OK and interesting enough, too!

初めてのデートはどんな感じでしたか?
F What was your first date like?

全員立ってください。
F Can you all stand up?

会話をしないで、自分と同じ月に生まれた人を探してください。
F Please look around the room for a person born in the same month as you, without talking!

グループで話してください。
F Please talk among the group.

図24.「期待と不安の交換」でアイスブレークする

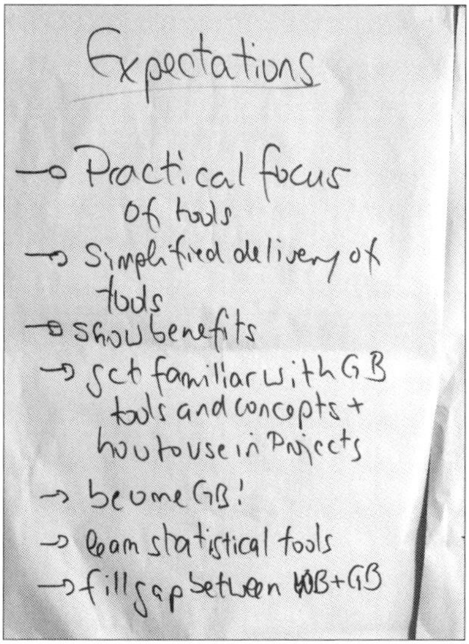

Expectations
→ Practical focus of tools
→ Simplified delivery of tools
→ show benefits
→ get familiar with GB tools and concepts + how to use in Projects
→ become GB!
→ Learn statistical tools
→ fill gap between BB + GB

期待 Expectations	不安 Concerns
長年の懸案事項の解消 Long term issues to be resolved	時間の確保 Time constraints 本社が了解するか？ HQ agree?

「期待と不安の交換」のアイスブレーク

　また、こうした和気あいあいとしたアイスブレークだけでなく、実際の会議の内容により近い形のアイスブレークもあります。「期待と不安の交換」です。英語では expectation exchange という言い方をします。

　参加者にアジェンダや目的、議論する範囲を説明した後、「皆さんがこの会議に期待していることと、不安または懸念に思っていることを教えてください」と問いかけます。不安または懸念は concern という単語を使います。

　大人数の場合は、2〜3人ずつ、またはグループワークとして実施してもよいでしょうし、8人程度であれば1人ひとり聞いてみるのもよいでしょう。いずれにせよ、「期待」という前向きな部分を話すと同時に、「実はこんなところが心配なんだよね」という部分も共有してもらいます。そうすることで参加者の本音がよりよく分かりますし、誤解があればその場で説明をしてクリアにすることもできます。

　参加人数や状況にもよりますが、たとえばまず肩の力を抜く系の**アイスブレークを実施し、ある程度口が軽くなったところでこの「期待と不安の交換」を実施すると、より効果的に「ぶっちゃけた」話が出てくる確率が高まります。**これも成功のための

方程式だと思って、一度この緩い自己紹介、続いて「期待と不安の交換」に時間を使ってみてください。筆者は、ときに30分くらいの時間をアイスブレークに使うこともあります。最初の緩い自己紹介で参加者の気持ちがほぐれると、期待と不安のセッションでは、かなりの本音で話をしてくれる確率が高くなります。参加者の本音が聞ければ聞けるだけ、会議のゴールに近づいたと考えてください。

こうした「ぶっちゃけた」話の結果、想像以上に会議そのものについての懐疑的な見方や批判、疑問が出てくることもあります。「準備する」の段階で、利害関係者分析をしっかりして対応しておくと、こうした本音への対応も少なくとも心の準備はできているはずです。

しかしながら、こうしたネガティブな反応があっても、むしろ「この段階でそうしたことが分かってよかった」というスタンスで対応しましょう。そうした気持ちを共有しないまま議論を進めてしまい、形式的な結論を出して結果への実行が伴わないというリスクを回避できたのですから。

➡ 使える言い回し

この会議についての期待と不安を教えてください。
- Ⓕ Please tell us about your expectations and concerns about this meeting.
- Ⓢ Your expectations and concerns, please.

2人組に分かれてください。
- Ⓕ Make a pair. Make a group of two.

現段階での率直な気持ちや感情について、話してください。
- Ⓕ Discuss your candid feelings or emotions about this meeting as of now.

＋ワンポイント

「〇人組」は、a group of two (three, four, ...) という表現が簡単です。または2人組は pair、3人組は trio、4人組は quartette なのですが、数字を直接言うほうが誤解は避けられそうです。

4 グラウンドルールを合意する
Agreeing to the Ground Rule

> グラウンドルール（ground rule）は、目標達成に向けて必要な行動を取るための出席者の間での約束です。まず趣旨を説明して、会議を成功させるために、どんなルールが必要か質問し、確認を取りましょう。

　日本では「グラウンドルール？　そんなことしてないで、早く議論に入ろう」と声が上がりそうです。日本人はまだまだ阿吽の呼吸があって、こうした自明な部分にあえて時間を使わないでも大丈夫ということでしょう。

　ところが海外では参加者の経験やバックグラウンドはさまざま。文化や言語という点で文字通りダイバーシティ（多様性：diversity）のある中で、議論が紛糾したときの迫力は日本の比ではありません。グラウンドルールは、そんな時のためにあるのです。

　難航が予想される場合は、改めてチームでグラウンドルールについて話し合い、全員が合意するというステップを経る。そうすることで、ファシリテーターが Remember the ground rule? We started based on this agreement.「こうしたことに合意して始めましたよね」と、全員を軌道に戻すことができます。

図25. グラウンドルールは紙に書いて掲示する

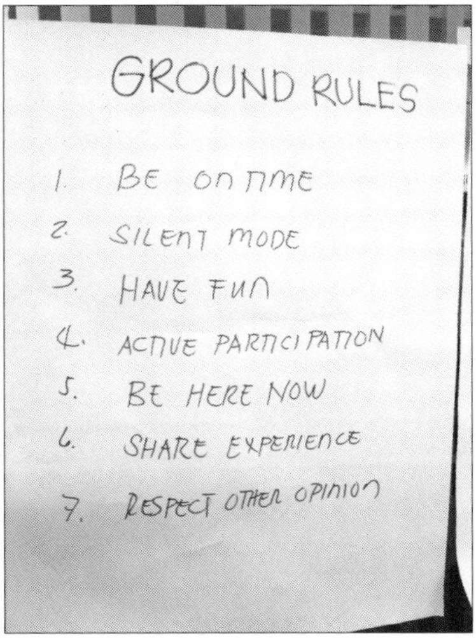

　グラウンドルールを作る際は、1人ひとりにしっかり語りかけながら、全員の意見を書き留める形で実施するといいでしょう。**自分たちで関与したプロセスを経て作った約束だからこそ、ファシリテーターが立ち返ることができ、参加者にも重みがあるのです。**

　まずは「時間通りに」や「携帯電話はマ

CHAPTER3 ファシリテーションの6つのステップ

図26. グラウンドルールの例

・全員が参加する　Active participation
・「タブー」はなし　No sacred cows
・言い終わるまで傾聴する　Listen actively until the finish of sentence
・休憩後は時間通りに戻る　Be back in time
・こそこそ話はなし、携帯はオフ　No side talk, mobiles off
・主題にフォーカスする　Focus on the issues
・悪いアイデアはない　There are no bad ideas
・いきなり否定しない　No immediate criticism
・異議は歓迎　Welcome challenges
・課題や問題には対峙、人には攻撃しない　Attack, criticize the issue, NOT the person
・意見は本音で話す　Be frank, candid in expressing opinions

ナーモード」など誰でも賛成してくれそうなものから始め、より議論に直結した具体的なものを作っていきます。

　Let's bring on whatever we have to talk today.「今日この場で話すべきことをすべて出しましょう」、Let's promise to all of us we will not talk about who said what outside the room.「この会議の場以外に、誰が何を言ったかを持ち出さないように約束しましょう」、Our agreement today must be treated as our consensus. We don't want to hear someone saying, "I did not agree to it."「決めた内容は全員のコンセンサスにして、『俺は同意していなかった』とは言わないようにしましょう」といった感じです。

　これはいわばファシリテーターからチームへの「チャレンジ」です。チャレンジをするからこそ、会議に真剣に向き合い、当日の議題に取り組めます。そして参加者のモチベーションが高まり、ルール遵守の意識も高まるのです。

➡ 使える言い回し

本日の会議のためのグラウンドルールを決めましょう。
🅕 Let's create the ground rule for today's meeting.

会議での典型的な問題ってどんなことでしょうか?
- (F) What are our typical problems at meeting?

この場は何をしゃべっても安全な場所とお互いに約束しましょう。
- (F) Let's promise each other this is a safe place where you can say anything.
- (S) Safe place here. Anything you can say, OK?

考えていることはしっかり主張する、というのはどうでしょう。
- (F) How about – if you have anything to say, just say it.
- (S) How about "speaking out"?

傾聴しましょう。
- (F) We actively listen to each other.
- (S) Active listening.

他に約束しておくべきルールはありますか?
- (F) Is there anything else we should commit to today?
- (S) Any more rules to agree on?

このグラウンドルールに全員賛同できますか?
- (F) Can we all agree to these ground rules today?

＋ワンポイント

　野球のグラウンドやテニスコートのような場所には、使用の仕方というようなグラウンドルールが書かれています。**ground rule** は、その施設を使ってゲームをする人全員が守る約束事というような趣旨です。それをファシリテーションの世界で、会議＝試合、そしてそれをする場所（グラウンド、コート）とたとえています。

　speak out は、相手に対して対抗するようなことでも「自分の思いをはっきり言う」「率直に話す」という意味があります。

5 駐車場を使って脱線を防ぐ
Using a Parking Lot

> 「駐車場」とは、参加者のモチベーションを維持しながら、本筋の議論からズレないように進行をコントロールするためのツールです。本題ではない話題が出されたとき、別の機会に議論してはどうかと誘導します。

　パーキングロット（駐車場）は、本題とは違う話題や発言が出たときに、参加者の合意を取って、ホワイトボードやフリップチャートの脇に作っておいた「駐車場」にいったん入れておくことです。日本語にするなら「その話は措いといて」でしょうか。

　ファシリテーションでは、これは参加者のモチベーションに配慮しながら、議論をちゃんと軌道に乗せておくために有効なツールです。通常はグラウンドルールを作った後に、**To stay focused, I made a parking lot.**「本筋にフォーカスするために、駐車場をつくりました」と紹介します。議論の途中で駐車場をつくっても構いません。

　会議の中で「今日は値段についての議論なのに、話が発注プロセスのほうに行ってしまった」ということはよくあります。その時に「その話は今日の話とは関係ありませんよね」と否定的に扱わず、「発注プロセス、確かに大事ですよね。検討したほうがよいと私も思います。その話は、別途切り出してしっかり議論をしませんか。忘れないように、こちらの駐車場に入れておきましょう」と言うのです。こうすることで、発言した人を積極的に認めることにもなります。前向きに意見を出すムードを持てるか、持てないかでチームの生産性も異なってきます。

　駐車場は、全員が見えるところに用意します。そして、**忘れずに会議の最後にその内容について確認し**、次のアクション、またはそのテーマを主導してくれそうな方に、引き継ぎをしましょう。発言者にその趣旨、要旨等を改めて確認するのもよいでしょう。こうすることで、駐車

図27. パーキングロット

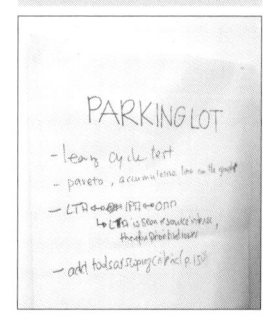

場に入れた際の約束を守り、「あの人は、確かにこのトピックを改めて確認してくれた」と、ファシリテーターとしての信頼も得られます。

➡ 使える言い回し

ここに駐車場があります。
Ⓕ Here is a parking lot.

重要ですが、本日の主題ではないことはここに置きましょう。
(指差しながら)
Ⓕ Let's park important, but not relevant to today's objective here.

重要だし、興味深いトピックですね。
Ⓕ It is a very important and interesting topic.

ぜひ別の機会にこのトピックのために時間を使いましょう。
Ⓕ Let's discuss this topic, when we have a dedicated time for it.

メモを取りました。ここに停めておきましょう。
Ⓕ I took a note. Let's park it here.

この点については、また後で話しましょう。
Ⓕ Let's come back to this later.

＋ワンポイント

「ちゃんとあなたの話を聞きましたよ」というニュアンスを出すためのあいづちとしては、I see. または I see what you mean. という表現がよいでしょう。言った内容への賛成・反対ではなく、「言ったことを聞きましたよ」(英語では「見る」=see を使います)というトーンになります。

ファシリテーションの6つのステップ
Six Steps for Facilitation

ステップ3／発展させる

「開始する」から「発展させる」への段階で、参加者は自分の考えを率直に共有し、情報提供もしっかりしようと心の準備をしてくれているはずです。グラウンドルールで約束した通り、参加者が安全な環境でしっかりと共有、確認、相互理解のための議論ができるように進めましょう。

「では、いま起こっている問題の現状について、皆さんの意見や考えを交換しましょう」。参加者をこうした表現でリードし、具体的な発言を促します。

「発展させる」がうまくいったかどうかは、議論や質問のやり取りがどのようなプロセスであったかに着目するとよいでしょう。たとえば「全員が参加したか」「極端に発言や情報提供の量が少なかった参加者はいないか」等を確認します。時間に注意しながら、ファシリテーターの基本動作である「質問」「確認」「見える化」を通じて、議論を発展させましょう。

どうやって整理したらよいか分からないくらいの多くの意見が出され、それだけでも参加者が満足しているようであれば成功です。話し尽くすことで、人は心理的には次に進もうという気持ちになるからです。

目的：
・会議の主題に沿って、参加者全員の意見や考えを交換する
・議論を深めて、結論を出すために十分な材料を集める

流れ：
・親和図で考えを共有する
　Exchanging Opinions by Affinity Diagram
・魚の骨で要因を分析する
　Using Fishbone to Identify the Causes
・ブレーンストーミングで解決策を導き出す
　Brainstorming for Solution

1 親和図で考えを共有する
Exchanging Opinions by Affinity Diagram

> 親和図の目的は、類似したアイデアをまとめることです。このプロセスを参加者が経験することで、まとめた内容について責任を感じるようになります。また、考えを共有するためのきっかけとして、頭のなかの考えをできるだけたくさん出すために便利な親和図を使うことで、議論へとスムーズに移行します。

親和図は、別名ＫＪ法とも呼ばれる、日本だけでなく全世界でよく知られた現状課題や問題意識を整理するためのツールです。整理だけでなく、その過程でブレーンストーミングの要素も含んでいます。英語では affinity diagram と呼ばれます。この affinity というのは、もともと「親和性」を意味する言葉で、日本語でも英語でもこのツールの使われ方自体をよく表しています。親和図では、さまざまなアイデアを挙げながら、親和性があるもの（よく似たもの）を集めてはまとめていくことで、全体の考えを集約しながらまとめていきます。

親和図を活用する場面

参加者が海外の方であれ、日本の方であれ、自分の考えを他の人と共有することに消極的な人はいます。そんな中で、早い段階に参加者が考えていることを洗いざらい出しておくことは、その後の納得感を醸成する上で大切です。

ファシリテーションの流れに沿って考えてみると、「発展させる」の最初の段階で「現状なにが起きているか。問題の洗い出しをしたいとき」、そして、さまざまな問題が「発生している理由を考えたいとき」が、親和図を活用する典型的な場面です。なお、発生している理由を考えたいときは、この項目の次に紹介する「魚の骨（フィッシュボーン）」と呼ばれるツールもよく使います。

「発展させる」に続いて「結論を出す」で議論を収束させたいときにも、親和図を

使うことはあります。たとえば解決策の実施にリスクを懸念する意見が出て、リスクの洗い出しをすることになることもあるでしょう。

親和図のもっとも大きな特徴は、枠組み自体が最初から存在するわけではなく、**枠組みそのものを作り上げながらまとめていく**という自由性にあるかもしれません。そんな自由性という効果をうまく引き出せると、実はかなり自由に意見を言い出すという状況を作れていることがよくあります。

ブレーンストーミングというと、どうしても構えてしまうのですが、親和図を作ることを目的にした瞬間に、不思議なことですが、とにかく考えて意見をいろいろ出すことを自然とやっていたりします。後で解説するブレーンストーミングの真髄を自然としているということです。

親和図のつくり方①──アイデアを出してもらう

親和図は、短時間で全員に同時に参画意識を持ってもらい、多くのアイデアや視点を生み出したり、まとめたりするのに有効なツールです。「なかなかアイデアが出ないよ」と言う人でも、少なくとも3枚以上、ほとんどの場合が5枚の付箋を書くことになります。この親和図の作成には付箋を使うのが大変便利です。

付箋は大判のもの（3×5インチ。3Mの日本向け製品だと75mm×127mm）がよいでしょう。**書き込む際は、太めの黒いサインペンを使います。**太めのペンを使わないと、貼った付箋が読みにくいのです。また、キーワード中心にシンプルに書くためにもペンが太いほうが目的に適っています。

付箋は複数色を準備しておきましょう。最初のアイデア出しは黄色、タイトルは青などと、状況に応じて色で整理すると非常に分かりやすくなります。ただし、「準備する」の段階で、どの色をどの目的に使うかをあらかじめ考えておかないと、進行が難しくなります。よくあるのが、こちらが指示を出す前に、すでにピンク、青、黄の色とりどりの付箋を使ってアイデアを書き出しているような状態です。

最初に自分の考えを各個人で書いている間は、しばらくシーンとした時間が流れます。気にせず5分、10分と時間を区切って集中してもらいましょう。その後全員でアイデアを整理し始めることで、それまでの沈黙から、一気にワイワイガヤガヤした活発な雰囲気になります。この時の沈黙は、むしろ集中している証拠の沈黙なので、あま

り短く切り上げないようにしましょう。

➡ 使える言い回し

付箋に考えていることを書いてください。
(F) Please write your idea on the post-it.

黄色の付箋だけをまず使ってください。
(F) Please only use yellow post-its first.

1枚の付箋には1つの内容だけ書いてください。
(S) One post-it, one message, please.

1人5枚以上は付箋を書いてみましょう。
(F) Let's write on five or more stickies!

10分でアイデアを書いてください。
(S) 10 minutes to write your ideas!

親和図のつくり方②──グルーピングしてタイトルづけする

　さて、いよいよ付箋に書かれた内容を、壁やフリップチャート等に貼り出して整理する段階となります。このとき、ファシリテーターが「自分が整理しないと…」と焦る必要はありません。最初に1枚2枚を読み上げながら、それを書いた方に、その趣旨を簡単に訊くのが基本です。そして「このアイデアと似たものはどれですか?」と質問しながら、付箋を貼り替えて、似たものを集めていきます。

　こうして最初の1～2枚を読み上げたら、後は参加者に立ち上がって、壁やフリップチャートに近づいてもらって、「こうやって似たものをまとめていってください」と話してみましょう。参加者の誰かに整理の役割を振ってしまうことも可能です。むしろ参画意識や自主性という点でプラスに働くものです。**全員に席を立ってもらい、ホワイ**

図28. 議論しながらフリップチャートに付箋を貼って整理する

トボードやフリップチャートの周りに集まってもらうのがコツです。数人での作業でも、座ってやるのと立ってやるのでは、アイデアのまとまり方が違います。

　不思議なことですが、座っている状態だとどうも他人（ファシリテーター）に頼りがちになります。立ってもらい、付箋を大量に貼り出し、とりあえず1つの付箋を読み上げて、中身を確認しつつ、他に似たものを出した人がいないか、などと尋ねながら似た付箋を並べていく。そうしてキーワードでまとめ出すと、不思議なことに全員総立ちの状態で「これはこれと似ているな」など、自然と身体が動き出します。

　そのエネルギーを逆に利用して、参加意識を引き出し、まとめの結果にむしろ責任を持ってもらうのが、良いファシリテーションです。自分がまとめてやろう、と肩ひじを張る必要はないのです。もちろん、**Is there any other ideas?**「他にはもうないのですか」、**Why do you think this idea and that idea is related?**「これとこれが一緒になる理由を教えてください？」など、参加者にもう一歩考えてもらう姿勢を常に持ってください。

親和図のつくり方③──枠組みを作り上げる

　図29をご覧ください。最初はいくつもの異なるアイデアがありますが、似たもの同士を整理していくうちに、徐々に秩序が生まれ、最終的には大きくは2つのグループ、その中にそれぞれ2つのサブグループ、さらにサブグループの1つは、中がもう一段階

図29. グルーピングの階層を上げていく　　図30. グルーピングし終えたところ

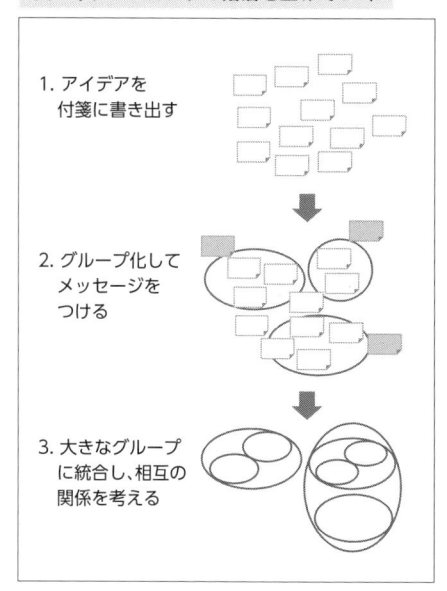

などと細分化されます。親和図の特徴は、最初から枠組みを置くのではなく、枠組みそのものを整理しながら作っていくことです。まさに、できあがった親和図を見ながら、さらに枝分かれが他にもないかと考えることで、枠組みを作り上げているともいえるでしょう。

「こういうキーワードがあるならば、別のキーワードもあるはずだ」となることがよくあります。後ほど紹介するブレーンストーミングでもっとも必要な「視点を変える」ことが容易にできる一例です。

たとえば、さまざまなアイデアが出てきた中で、まとめのメッセージが「トレーニング」「ルール」と出たとき、「トレーニングもルールも、それぞれ人に関わることですが、人とは関係のないことはありますか？」などと質問をします。そうすることで「ITツール」等の考えも出てくるわけです。

親和性をキーワードに整理しながら、つねに **If this is one way of sorting out, what can be another potential way? Another perspective?**「こうした整理ができるとしたら、他の整理の軸があるのではないですか」と質問をし、新たな考えが出てくるのか確認して、網羅性を担保しながら進めましょう。

CHAPTER3　ファシリテーションの6つのステップ　153

図31. 親和図の進め方

1	親和図でまとめるテーマを明確にする Clarify the topic to use the affinity diagram.
2	一定時間で各人のアイデアを付箋に書いてもらう（注：「1枚の付箋に1つのアイデア」を徹底する） Spend some time by each participant to write ideas on the post-it. (Note: Make sure one post-it is only for one idea)
3	付箋を、ホワイトボードやフリップチャートに貼り付ける Put all the post-its on the whiteboard or flip chart.
4	付箋を読み上げて、その意味を確認する Read out one sticky at a time and confirm the intention.
5	似ている考えの付箋は近くに寄せる Move similar ideas together to make a cluster.
6	この作業を繰り返す Repeat this.
7	まとまってきた付箋には、「タイトル」を付ける Put a "label name" on the cluster.
8	途中で新たな考えを追加したり、タイトル同士をさらにまとめる Add new ideas along the exercise and further cluster the ideas by the label names.

➡ 使える言い回し

このメッセージの意味について教えてください。
（付箋を持ち上げて読み上げながら）

🄕 Please tell us the meaning of this message.

立ち上がって、フリップチャートの近くに集まってもらえますか？

🄕 Can you all stand up and get closer to the flip chart?

それはこのメッセージと似ていますか？

🄕 Is it similar to this message?

これらの付箋にぴったりのサマリー名は何でしょう?
🄵 What is a good summary label of these post-its?

┃＋ワンポイント

　付箋は、英語では post-it または sticky と呼びます。sticky は「粘着性の」という意味で、付箋が登場してから「（その）ペタッと貼れるやつ」というニュアンスで使われ、ほとんど普通に「付箋」の意味で使われるまでに定着しています。

　ツールを使うときのファシリテーションでは、小道具や新しい情報を渡す前に、ファシリテーターのほうを向いてもらい、一度手順を説明することです。順番を逆にすると、皆の注意が散漫になり、行動にバラツキが多くなります。

　ここまでの解説の中では、we や all of us を使う効用について触れてきました。一方、具体的な議論の中でツールの使い方の説明や、そのために参加者に移動してもらう等のお願いをする時は、言葉の選び方を変えます。

　please や Can you...? や Will you...? などを使いながら、丁寧にお願いするという趣旨での命令文または依頼文で、参加者にしてほしいことを明確に説明してください。

2 魚の骨で要因を分析する
Using Fishbone to Identify the Causes

ある程度問題点や現状が見えてきたら、その発生の要因を分析します。「魚の骨」は、主に要因分析に使うフレームワークのひとつです。問題の発生要因（理由）をグループでブレーンストーミングしながら「見える化」し、特定します。

フィッシュボーンとは

魚の骨は、問題発生の要因をモレのない視点から議論できることが優れています。日本語でも英語でも「魚の骨（**Fishbone Diagram**、または略して **Fishbone**）」として知られています。海外ではこれを世に広めた石川 馨（かおる）博士の名前から、**Ishikawa Diagram** と説明されることもよくあります。特性要因図（**Cause-Effect Diagram**）もよく使われる名前です。このツールの目的をそのまま表した表現です。

魚の頭と骨の形をした、シンプルなこのツールは、実は形を変えたロジックツリー（**logic tree**）になっています。右に置かれた魚の頭の中にある「問題文（**problem statement**）」に向かう形で、さまざまな要因を左の骨のほうに整理し、いくつかの根本要因（**root cause**）までたどり着くというのが全体構成です。

実は、最初からこの魚の骨の形にするところがポイントです。魚の骨＝すでに準備された要因の典型的な「大骨（**big bone**）」が重要という意味です。要因は、どうしても KKD（＝勘と経験と度胸の頭字語）になりがちなところがあります。それをある程度の範囲に大骨をあらかじめ展開した上で、それぞれの大骨に相当する部分で要因の候補を挙げていくのです。こうして大骨１つひとつについて、念入りに検討することで、実は意外な要因の候補があったり、発見があったりするという仕組みです。

また、魚の頭に入れるのは「問題」です。解決すべき問題がはっきり認識できるような書き方をしましょう。「配送（**delivery**）」だけではなく「配送遅延（**late delivery**）」であったり、「15％が目標を達成していない（**15% not meeting the delivery**

図32. 特性要因図

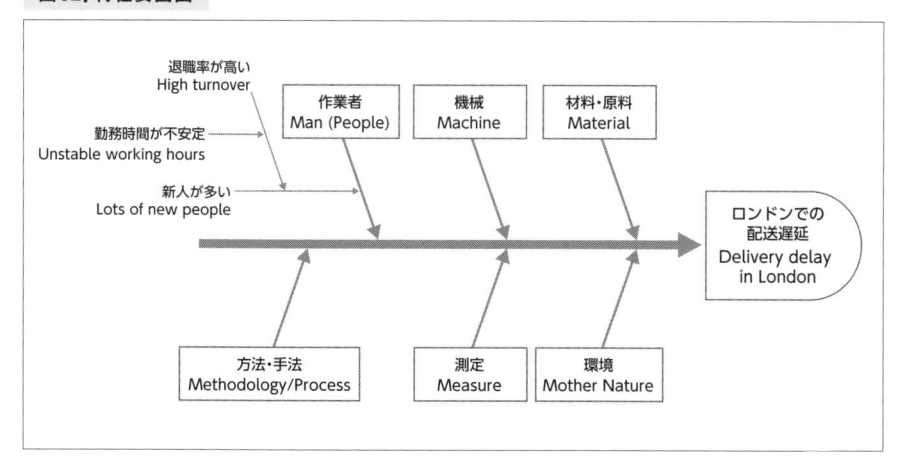

```
         退職率が高い
         High turnover
                    ＼     作業者        機械        材料・原料
         勤務時間が不安定       Man (People)  Machine     Material
         Unstable working hours
                    ＼
         新人が多い
         Lots of new people
                              ↓            ↓            ↓
         ────────────────────────────────────────────────→  ロンドンでの
                              ↑            ↑            ↑      配送遅延
                         方法・手法       測定         環境      Delivery delay
                    Methodology/Process  Measure   Mother Nature   in London
```

goal）」などです。

　参考までに典型的な特性要因図の大骨を掲載しておきます。製造・技術関連でよく使われる大骨と、営業・間接部門などの事務系で使われるものをまとめました。これらのキーワードは、すべて「よく使われる」ものであり、この通りやるという規則があるわけではありません。事前にどのキーワードを特性要因図で使うかを考えておき、当日大骨のレベルで違和感がないか確認をして実施するのがよいでしょう。

●製造・技術系でよく使われるキーワード（6M）
- 設備・技術（Machine）
- 人（Man）
- 方法論・プロセス・手順（Method）
- 検査・測定（Measurement）
- 材料・情報（Material）
- 環境・その他すべて（Mother Nature）

●事務系でよく使われるキーワード
- ポリシー（Policies）
- 手順・プロセス（Process）
- 人（People）
- 場所・環境（Plant）

●営業・マーケティング系でよく使われるキーワード
- 製品（Product）
- 販売チャネル（Place）

- サービス（Service）　　・人（People）
- 値段（Price）　　　　　・プロセス（Process）
- 販売促進（Promotion）

●サービス系でよく使われるキーワード
- 作業環境（Surroundings）　・情報システム・ツール（IT Systems, tools）
- サプライヤー、外部パートナー（Suppliers）　・スキル（Skills）

→ 使える言い回し

その問題の根本要因を見極めるための議論をしましょう。
🄕 Let's discuss the root cause of this problem.

要因を見つけたいと思っている問題はこれですね。
（こう言いながら、魚の頭に問題を文章の形で書き入れる）
🄕 The problem we want to identify the causes of is this.

まず「人」関連の要因について洗い出してみましょう。
🄕 First, let's brainstorm about "Man" related factors.

フィッシュボーンの進め方

　フィッシュボーンのセッションを始める時には、**We have identified the problem. Now, let's analyze the root cause of the problem.**「問題については特定できました。その発生の根本要因を分析しましょう」と切り出します。そして、**Have you worked on the fishbone before?**「フィッシュボーン、使ったことありますか」と確認してみましょう。
　筆者の経験では、日本よりは海外のほうがフィッシュボーンを知っていたり、使っていたりすることが多いです。日本にとっては心配すべきことだと思うのですが…。
　さて、フィッシュボーンの紹介が済んだところで、**Well, the problem we want to**

analyze is..., is it OK?」「では、魚の頭に入れて分析したい問題は…でよいですか」と質問しながら、チャートの魚の頭に問題を書き込みましょう。

具体的に大骨を確定したら、それぞれの大骨をキーワードとした、問題発生の要因があるかどうかをブレーンストーミングして挙げていきます。その際、まずはざっとやってみる。つぎに挙げられた複数のものから、「この大骨の中では、これが怪しいな」というものをいくつか選び、それについてはさらに「なぜか」を追求します。

最終的にはチーム全員で、問題発生の根本要因として挙げられた問題の発生要因から、もっとも大きいと考えられる、1つまたは2つの根本要因を特定します。

魚の骨で特定された根本要因については、**必ず「事実か否か」という検証のステップを入れます。**目的は問題の発生を減少させることです。その減少は目標値として示されているはずです。特定された根本要因を改善していくことで、本当に目標達成に足るだけの問題発生を抑えられるでしょうか。逆に、目標達成に足るだけの根本要因を見つけられたのかを検証することが大切です。

こうして全員の合意という、変革を進めたり、オーナーシップを高めたりするためには有効な状況を達成した上で、さらに合意された内容の正しさをも確認します。これで参加者全員が、マインドの上でも、事実の上でも特定された根本要因を潰せば、

図33. 魚の骨の進め方

1	魚の骨の頭に当たる部分に「問題」の形で文章を書き入れる Write a problem statement on the head of the fish.	
2	大骨のテーマを決める Decide the theme of the big bones.	
3	それぞれの大骨のテーマごとに、問題発生の要因を書く Going around each big bones, list up potential causes of the problem.	
4	書かれた要因から、さらに「なぜそうなるのか」と考えを深める For each potential cause listed, think "why" again.	
5	全体の骨をカバーする Cover all the big bones.	
6	出された要因の中で問題発生の根本的なものを特定する Among all the whys and sub-whys, identify a few "root" causes.	
7	特定された根本的要因が正しいか事実で確認する Prove by fact or data if the identified "root" causes are true.	

問題が解決するのだと信じることができます。

　魚の骨の作り方の流れと、ファシリテーションに使える言い回しを図33に紹介してみました。

➡ 使える言い回し

何が問題を発生させているでしょうか？
Ⓕ What causes the problem?

たぶんトレーニングが足りないんじゃないかな？
Ⓕ People don't have enough training, maybe?

さらにそれはなぜ起こるのでしょう？
Ⓕ Then why does that happen?

これらの中で、もっとも根本的なものはどれですか？
Ⓕ Among all these, which is the root cause?

それが本当だと確認するためにはどうすればよいでしょう？
Ⓕ How can we make sure this is really the case?

＋ワンポイント

　厳密な意味では異なるものの、原因、要因と日本語でも「問題が発生する理由」に相当する言葉がいくつかあります。英語では、factor や cause をよく使います。また、数学の $y = f(x)$ の考え方を用いて、Y が結果（Effect）で、X が原因（Cause）だと考え、X と Y という言い方をすることもあります。

　魚の骨を使うときは、why を多用します。これは文字通り「なぜなぜ分析」だからです。

3 ブレーンストーミングで解決策を出す
Brainstorming for Solution

> ブレーンストーミングを実施する目的は、できるだけ多くのアイデアを出すことです。解決策でも、問題点の洗い出しでも、それは同じです。4つの基本原則をしっかり守ることで新しい発想を生み出します。

　ブレーンストーミング、略してブレストは「脳をかき回して」、新しい発想やアイデアを出すための会議手法として広く世界で知られています。ここでは結論／解決策を出すためにという位置づけで紹介しますが、本来的には数多くのアイデアを出す、クリエイティブになるためのツールです。

　ブレーンストーミングほど、言葉が広く知られていながら正しく使われていないツールはありません。日本でも、海外でも、

　　他人の考えを否定しない（Defer Judgement）
　　数を出す（Go for Quantity）
　　突拍子もないものこそ歓迎する（Encourage Wild Ideas）
　　他人の考えに便乗する（Build on the Ideas of Others）

という4つの原則が全部守られることは、組織の中ではなかなか難しいです。

　だからこそファシリテーターが付加価値を発揮するといえるでしょう。参加者の頭を刺激するような突拍子もない質問や投げかけで、参加者の脳をぐるぐるとかきまぜて、文字通りのブレーンストーミングを実現させましょう。

　アイデアを出し合う場面すべてで、ブレーンストーミングの考え方が必要です。出されたアイデアのどれを採用するか等の「評価」はアイデアを出し尽くしてから。前半ではアイデアをたくさん出すことに、後半では評価に焦点を当てるのです。これはファシリテーションの全体の流れの縮図でもあります。大きな流れは図34の通りです。

図34. ブレーンストーミングの進め方

1	ブレーンストーミングの「お題」を出す Clarify the topic for the brainstorming session.
2	まずは数多くのアイデアを出すことが目的で、アイデアの絞り込みや評価は別の時間でおこなうことを伝える Make sure the objective is to produce more ideas – evaluation or critique of the ideas will be done later.
3	4つの基本原則をしっかり確認する Explain the 4 principles of the brainstorming.
4	参加者の創造性を刺激するように質問やチャレンジをする Challenge the participants by asking questions to extract their creativity.
5	アイデアをフリップチャート、付箋等に書き留める Keep writing ideas on flip chart or post-it.
6	数が増えてきたら、親和図等の方法でアイデアをまとめつつ、さらに参加者をリードする Use a tool like affinity diagram as the number of ideas increases. Further challenge by asking questions and lead the participants.

成果を上げるポイント①──原則を確認する

　成果を上げるために重要なことは3つあります。①**原理原則をゆっくり確認すること**、②**ファシリテーターが適切な質問やコメントを投げること**、③**ブレーンストーミングのための枠組み（フレームワーク）を事前に準備しておくこと**です。

　まずは、ブレーンストーミングの原則をゆっくり確認します。多くの場合、参加者はその原則についてある程度は知っています。知ってはいても、なかなか実践できない。だからこそファシリテーターがブレーンストーミングの支援をするのです。

　始める時は、**Let's brainstorm for solution.**「解決策を出すために、ブレーンストーミングをしましょう」と切り出し、その後で **For brainstorming, do you know the secrets for success?**「皆さんブレーンストーミングをするための成功の秘密を知っていますか？」と確認をしてみるとよいでしょう。

　おそらく何人かは、「批判をしない」などの原則を知っています。とはいえ、ここで改めて4つの原則を確認し、必要であれば壁に貼ってあるグラウンドルールに追加するくらいのつもりで、原則を守って進めるようにリードします。

実際にブレーンストーミングが始まると、面白いことが起こります。それは、参加者の背景や経験が、出てくるアイデアの量や質に大きく影響するという事実です。業務で確実性や堅実性が求められる部署でブレーンストーミングを実施する場合、やはり突拍子もないものが出てくる頻度は低いように思います。また、そもそもの性格や、アジアでは年齢も大きな要因です。なかなか自分の思っていることをしっかりしゃべれず、目上の人がいると自分の意見を自由に言えません。こうした理由から筋の良いブレーンストーミングを実施するのは、想像以上に大きな課題です。

　どうしてもアイデアの実現性が気になったり、「調べていないこと、事実かどうか分からないことは言えない」となりがちな人に、どうやって口を開いてもらい、いろいろな考えを出してもらえるでしょうか。ファシリテーターとしてのチャレンジです。「質問での引き出し」と「フレームワークの準備」の2点が大切です。

➡ 使える言い回し

なぜ顧客からの苦情が多いのか、ブレーンストーミングしてみよう。
Ⓕ Let's brainstorm about why there are so many complaints from customers.

ブレーンストーミングの基本について再確認しましょう。
Ⓕ We would like to reconfirm the principles of brainstorming.

他人の意見を否定したり、評価したりしない。
Ⓕ Do not criticize, do not evaluate.

量に集中しよう、アイデアの数だ。
Ⓕ Focus on the volume, the number of ideas.

「何でもいいんだ」という例を出してみよう。
（馬鹿げたアイデアを実際に言っても本当にいいんだ、という雰囲気を出す）
Ⓕ Let me give you an example of "anything goes."

出されたアイデアの評価は、別の機会におこないます。
- Ⓕ We will evaluate the ideas later.

他の人の意見を拝借するのもよいです。
- Ⓕ It is OK to borrow someone's idea.

突拍子もないアイデアこそ歓迎します。
- Ⓕ Crazy ideas are very welcome.
- Ⓢ Think out of box!

成果を上げるポイント②──質問により引き出す

　ブレーンストーミングには特有の質問の仕方があります。単に「さぁ、自由な発想で」と促すだけでなく、自分と違う発想をする想定（＝子供、スーパーマン等）を置いたり、あえて目的と逆のこと（＝苦情を増やす）を考えたりします。

　ブレーンストーミングの目的は、自分たちが知らず知らずのうちに培ってしまった、固定的な物の見方を変えるような発想をすることです。そのためには、あえて視点を自分の日常のものと変えたり、知らず知らずのうちに支配されている**前提や常識を覆してみる**ことが、良いアイデアにつながるのです。

　しゃべりっぱなしの人、意見をあまり話さない人の両方が存在することもよくあります。そんな時は、親和図の手法で「少なくとも5枚の付箋に1つずつアイデアを書いてください」等と運営すると、少なくともアイデアの数自体は集まってきます。

➡ 使える言い回し

たとえば子供だったら、これについてなんと言うでしょう？
- Ⓕ What would a kid say about this?

苦情をどんどん増やそうとしたら、何をしますか？
- Ⓕ Suppose we actually want to increase the complaints, what would we do?

役割を変えるというのは?
Ⓕ How about changing roles?

もし予算に制限がなかったとしたら?
Ⓕ What if we had no limit on budget?

違う視点はありませんか?
Ⓢ Any different perspective?

あと5つアイデアが出ませんか?
Ⓢ Last 5 more ideas?

成果を上げるポイント③──フレームワークを活用する

　ブレーンストーミングでは「フレームワーク」を使うことも有効です。ブレーンストーミングは、自由にアイデアを出すためのものなのに、なぜフレームが必要なのかと思われるかもしれません。ここでフレームについて改めて簡単に確認してみましょう。

　日本語では「枠組み」となりますが、要は「今ここで話されている課題を整理するときの視点」と考えると分かりやすいと思います。たとえば、マーケティングでもっとも有名なフレームワークは **4P** です。マーケティングを考える際に必要な内容を **Product**（製品）、**Price**（値段）、**Promotion**（販促）、**Place**（チャネル）の4つの独立した項目に整理できるという発想が、このフレームの裏にあるのです。

　たとえば、「さぁ、なんでもいいですから、新商品のマーケティングのアイデアを出してください」と言われる場合と、「さぁ、新商品のマーケティングを考える上で、じっくり4つの視点からそれぞれ考えてみましょう」と言われるのと、どちらのほうがよいでしょうか。ある程度テーマが細分化されていたほうが、アイデアが出てきやすいでしょう。最初からテーマに合致した枠組みを準備し、その枠組みの中をしっかり埋めるように進めるほうが、網羅的にアイデアを出せることになり、ヌケモレがなくなります。

　一方で、フレーム自体によりブレーンストーミングの結果が異なってしまうという点に注意が必要です。「その枠の外にあることは議論しない、できない」と宣言してい

るのと同じことになるからです。

　準備の段階では、目標達成に貢献する枠組みを考えます。会議が始まってから枠組みの必要性を感じた時は、キーワードを出しながら参加者と一緒に枠組み自体を作ってしまいましょう。適切な枠組みが参加者の持つ潜在力を解放し、素晴らしい結果を出したとき、ファシリテーターは自分の仕事ぶりを密かに称えてもよいでしょう。

➡ 使える言い回し

この枠組みを使ってブレーンストーミングをしましょう。
Ⓕ We use this framework to brainstorm.

枠組み1つひとつ順番にやってみましょう。
Ⓕ Let's brainstorm for each frame.

この枠の意味は「独自性があるか」ということです。
Ⓕ This frame is about "uniqueness."

この枠組みについて何か質問はありますか？
Ⓕ Would you have any questions about this frame?
Ⓢ Any questions about this frame?

では、この枠組み以外に何か思いつくアイデアはありますか？
Ⓕ Other than this frame, do you have any different idea?

＋ワンポイント

　ブレーンストーミングでは「…はどうだろう（How about...?）」、「もし…だとしたら（What if...?）」、「たとえば…だったら（Suppose...）」など、どれも人の頭のなかに、目の前にないことを想起させるようなキッカケをつくる質問を多用します。

　「なんでもよい」と言うためには、anything goes という表現があります。文字通りどんなもの（anything）でも行く（通る、通じる）という意味で go です。

ファシリテーションの6つのステップ
Six Steps for Facilitation

ステップ4／結論を出す

「結論を出す」のステップの目的は、「発展させる」のステップで積み重ねてきた議論や理解をまとめあげ、最終的にアジェンダで設定した当日の成果物にまで導き、意思決定することです。

　良い議論はできるものの、明確な意思決定や結論につながらないというのが、日本の会議の課題です。意思決定をする際の評価基準について参加者の間でしっかり合意しておくことで、スムーズに結論を導きましょう。
　「すべての解決策を実施することは、不可能です。費用がかからず効果があるものから実施して、目標達成できるように結論を出しましょう」
　こうして「費用がかからない」「効果がある」という評価基準を説明しながら、議論の順序も説明します。しっかり実行できるように実行時の懸念がないか、事前に予防できることはないかなどの「リスク分析」もおこない、結論を確定させます。
　こうした一連の結論をまとめて、「次につなげる」ために具体的なアクションを誰がいつまでにやるのか、実行のための合意を取ります。

「結論を出す」の目的：
・会議の結論に全員で合意する

流れ：
・ペイオフマトリクスで優先順位をつける
　Prioritizing by Payoff Matrix
・リスク分析で実行を確実にする
　Analyzing Risks before Implementation

1 ペイオフマトリクスで優先順位をつける
Prioritizing by Payoff Matrix

> 多数出された解決策や実行タスクに優先順位をつけるためには、ペイオフマトリクスを使います。異なる評価軸を使って、どちらも満足するか、一方だけかという視点から意思決定を助けます。

　ペイオフマトリクスは、複数の考えを2つの独立した軸で評価し、その優先順位を視覚的に表現するツールです。参加者で合意した評価軸の上に複数のオプションを載せて議論することで、全員が納得できる優先順位をつけることができます。

　シンプルですが強力です。それは持てる資源（ヒト・モノ・カネ等）には限りがあり、その中で何に集中するかを決断することができるからです。

　ここまでで十分な議論ができていれば、参加者の間で意思決定する準備ができています。Have we discussed enough to decide what we are going to do?「これまで十分な議論ができたかな」などと確認した上で、意思決定のプロセスを説明しましょう。

　フリップチャートに大きな四角を書き、「今日の目的は、今回の品質改善で回収コストが安くなる解決策を見つけることだったよね」と話しながら、縦軸に財務効果（financial impact）と書きます。もちろん改めて参加者全員が合意できるかを確認します。

図35. ペイオフマトリクスの例

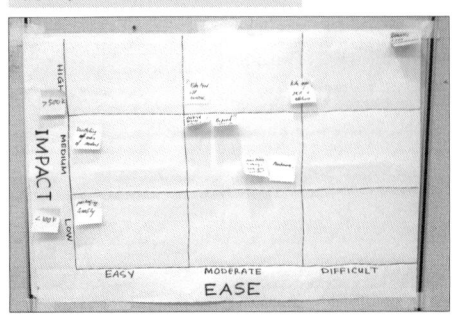

　まず縦軸に目的にどれだけ貢献するかという軸を決め、「では、もうひとつの評価軸はなんだろう。実際に効果を上げるためには、実際に実行につなげられないと意味がない。実行のための難易度が低いことに越したことはないよね」と、実行の難易度（easy/difficult）という、目的

図36. ペイオフマトリクス

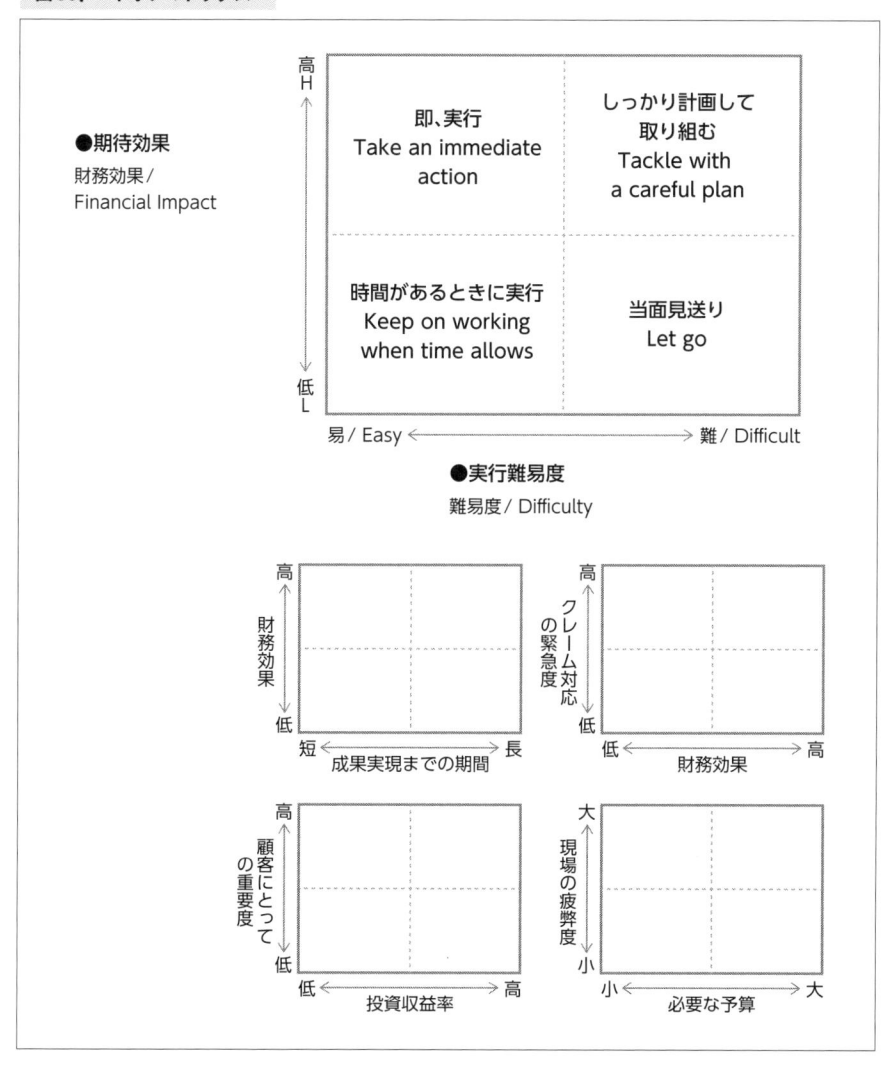

●期待効果
財務効果 / Financial Impact

高 H
即、実行
Take an immediate action

しっかり計画して取り組む
Tackle with a careful plan

時間があるときに実行
Keep on working when time allows

当面見送り
Let go

低 L

易 / Easy ←――――――→ 難 / Difficult

●実行難易度
難易度 / Difficulty

財務効果 高／低　成果実現までの期間 短／長

クレーム対応の緊急度 高／低　財務効果 低／高

顧客にとっての重要度 高／低　投資収益率 低／高

現場の疲弊度 大／小　必要な予算 小／大

軸とは独立した評価軸を提示し、参加者に確認を求めます。これら最終の意思決定のために使う評価軸は、準備段階から仮説として持っておくことをお勧めします。

Let's put our solutions on this pay-off matrix and see what's going to come out.「これまで出した解決策を、このペイオフマトリクスの上に整理して、どうなるか見てみよう」と、解決策をこのマトリクス上に並べながら議論をファシリテートしましょう。

図37. ペイオフマトリクスの進め方

1	フリップチャートなどにマトリクスを書き、軸を決める Write the matrix on flip chart and decide the label for effectiveness and requirement axis.
2	解決策を付箋に書き出す Write solutions on the post-it.
3	すべての付箋をまずマトリクス上に貼る Put all the post-it at once on the matrix.
4	「効果軸」での評価(位置)を並べ替える Sort the post-it based on the effectiveness.
5	同様に「要件軸」での評価(位置)をおこなう Likewise, sort the post-it based on the requirements.
6	関係者が合意できるよう位置関係に微修正をかける Fine-tune the position of the sorted post-it, so participants can agree on.
7	実施する解決策を全員で合意する Agree on which solutions are one to implement.

　ペイオフマトリクスという言葉は知らなくても、意思決定をする際に二律背反する条件を意識することはよくありますよね。「時間はかかる。しかし、効果は絶大に大きい」「すぐできる。ただ、効果は小さい」といったものです。

　複数のアイデア、解決策、タスクを効果（期待する目的達成などのアウトプット）と、その実行のための要件（使う時間、費用など）で仕分けて、関係者で優先順位を合意します。タテ軸（Y軸：Y-axis）に目的＝期待効果、ヨコ軸（X軸：X-axis）に必要な要件＝実施のためのハードルと置くと、それぞれの評価軸の独立性を保つことができます。参考までにペイオフマトリクスのパターンを図36に載せておきます。

　ペイオフマトリクスは、補助線としてそれぞれ真中に線を引き、4象限（4 quadrant）になっています。ときには、斜めに線を引くこともあります。こうして視覚化された枠組みに、解決策を書いた付箋を置くことで、すべての解決策に対して効果の大きさと、その実現に必要な要件の厳しさ（現実性）が確認できます。

　最終的にある程度の実行上のリスク（これは次の項目で説明します）や、必要な要件を考えて、実際には時期や効果が想定通りにならない可能性も勘案した上で、全体の目標達成が可能な解決策を選びます。

→ 使える言い回し

ペイオフマトリクスで解決策に優先順位をつけましょう。
Ⓕ Let's prioritize our solutions on the payoff matrix.

根本要因を改善できるアイデアを付箋に書いてください。
Ⓕ Please write ideas to improve the root cause on the post-it.

マトリクスの上にアイデアを貼ってください。位置はどこでもよいです。
Ⓕ Please put your ideas on the matrix – wherever is OK.

この解決策は、こちらのものより効果が高いと思いますか？
（付箋を2つ持って、上げたり下げたりしながら）
Ⓕ Do you think this solution is more effective than this one?

最初に実行するものを決めましょう。
Ⓕ Let's decide on what solution to implement first.

このゾーンにある解決策を優先しましょう。
（「効果が高く、時間もかからない」ゾーンを指し示しながら）
Ⓕ Let's prioritize the solutions in this zone.

＋ワンポイント

　マトリクスの上に貼ってある付箋の位置を修正するときには、付箋を実際に持ちながら、「どっちが上（右）？」などと指し示すとよいでしょう。これも親和図同様に、参加者にやってもらうことも良い考えです。日本語でも、「上？下？」「右？左？」と訊きますが、英語でもまったく同じです。書かれた付箋を持ちながら **Up? Down?** や **High? Low?** または **Right? Left?** と言えば、誰にでも通じます。いずれの場合でも、ボディランゲージも交えて全員の合意を引き出せるようにしましょう。

2 リスク分析で実行を確実にする

Analyzing Risks before Implementation

> トラブルを事前に予防したり、実際に発生してしまったときの対応を決めておくことで、解決策の効果が発揮されたり、導入への同意を得られやすくなります。優先順位の高い解決策などに、さらに現実性を持たせて実行力を高めます。

リスクに事前に対応するためのツール

　リスク分析は、**解決策の実行上の課題やリスクについて、事前に評価し、対応できることには対応するためのツール**です。心配したリスクや課題が現実のものになった際は、あらかじめ考えておいた対応策等を粛々と実行することでリカバリーすることができます。もともとは生産ラインや開発部署等で使われているFMEA（Failure Mode Effective Analysis: 故障モード影響分析）というツールの考え方を、経営上のさまざまな意思決定とその後の実行に応用したものです。

　こうして事前に策を議論することで、**実際の解決策の導入がスムーズにいく側面**も大きな効果のひとつです。その理由は、事前にリスクや実行上の課題が「見える化」され、課題への対応策もとられていることで関係者が安心するからです。

　一般的に、日本人はリスクに敏感といわれています。解決策の話をしているときに、ついつい「それは実行にリスクがある」「難しいんじゃないか」と後ろ向きの発言をするのは日本人だけに限りませんが、日本以外の多くの国では、リスクとは「計算した上で取るべきもの」だと信じられています。そのためには、リスクを評価し、定量的に、少なくとも関係者が同じ目線で評価できるようにする必要があります。

　リスクや課題を、「重要性（severity、impact）」「発生確率（probability、occurrence）」という独立した軸で評価し、それぞれの評価スコアをかけ合わせた数字を用いて、事前対応策や発生時の対応シナリオ等を効率よく準備します。製造業におけるFMEAでは、これに「検出可能性（detection）」という評価軸も加わります。

リスク分析の進め方

それぞれの解決策に対して、まずはオープンに、できるだけ多くの実行上のリスクや課題を洗い出してみましょう。

解決策が一段落したところで、**For each solution, let's discuss risk and mitigation.**「解決策については、それぞれリスクとその緩和策を考えましょう」と進めます。アジェンダにも最初からリスク分析を入れておくべきです。

First, we make a list of all the risks.「まず考えられるリスクを洗い出します」と、最初の一歩を説明します。**Next, we evaluate the risks.**「続いてリスクの評価をおこない

図38. リスク分析の進め方

1	実行することを決めた解決策を一覧にする Make a list of agreed solutions.
2	発生する可能性のあるリスクや課題を洗い出す For each solution, discuss any potential risk or issues at implementation.
3	リスクや課題を重要性、可能性（必要であれば検出可能性）で評価する Evaluate the risks and issues by importance, probability (and detection).
4	評価の高いリスクや課題の予防、発生時の対応を決める For the higher risks, decide on prevention plan, or response plan.

図39. リスク分析

リスク Risk	推定原因 Potential Cause	重要性 (S)	発生確率 (O)	検出可能性 (D)	RPN (S×O×D)	発生させないための対応策 Prevention Plan	発生の際の対応策 Response Plan
注文が遅れる Delivery delay	注文書のフォームが間違い Wrong order form	8	2	1	16		
	注文書の滞留 Order form on hold	8	4	6	192	・システムに警告機能を付加 ・Add alarm function in the IT system	・緊急処理のプロセスを適用 ・Act according to the emergency manual
違うものが届く Delivery mistake	注文書記入ミス Mistake in order form	5	8	9	360	・間違いが多い記入欄を改訂 ・Improve the order form	・クレーム対応と傾向分析 ・上記を基にコード変更 ・Continue improving order form based on statistics
届かない No delivery	注文書の紛失 Lost order form	10	2	1	20		

ます」と進めます。

　出されたリスクは、その重要性と発生確率で評価します。通常は、重要性については1から10のスコアとし、それぞれ「1：1000万円未満、2：1000万円以上3000万円未満…」というように、1、2から10まで簡単な定義を作ります。この定義は厳密にするために議論をするよりは、ある程度大雑把でもよいでしょう。1から10が標準とはいえ、定義の割り付けが難しいようであれば、水準や段階は1から5までなど状況に応じた評価軸を設定します。厳密には、1から10の水準の間の距離が、意味的に同じになるように設定するといった注意が必要ですが、実務的にはそこまで厳密な設定が必要とされるケースは、それほど多くはありません。

　発生確率も同様です。「確実に起こる」から「開始後、1カ月以内に半分くらいの確率で起こる」など、これも状況に応じて設定します。

　こうしてリスクを評価して、2つの評価項目を掛け合わせます。たとえば、重要性が5、発生確率が7であれば、5×7＝35となります。こうしてすべての評価項目を掛け合わせて得られた数が、リスクを評価する指数です。**FMEA** では、これを **RPN**（**Risk Priority Number**）と呼んでいます。

　FMEA の長所は、評価だけでなく、評価した上で指数が高いリスクについては、そのリスクの内容に応じてしっかりアクションを取ることを求めている点です。

　リスクの評価が終わり、**RPN** が出たところで、**Let's take actions on the risks that have high RPN scores.**「**RPN** の高いリスクについては、アクションをとりましょう」と話しかけ、リスク分析を行動のレベルにまで落とし込みましょう。

　事前に予防策をとるべきものはどれか。実際に発生した時にどのような対応をするか。こうした予防策や対応策を協議し、仮に予防策で発生確率を下げられるのであれば、どのくらい下がるか。予防策や、発生後の対応策で多少なりとも重要性を軽減できるのであれば、どのくらいか。こうして予防策、対応策を立て、その策自体の立案と実行を、実際の実行計画の中にしっかり入れておくことで、解決策に対しての信頼性が上がり、かつ導入に向けた抵抗をクリアできる可能性が高まります。

　どんなに質の高い解決策でも、その狙い通りに現場に導入できるか否かで、結果が大きく左右されます。効果を高め、万が一のリスク発生にも速やかに対応する。そういう意味ではリスク分析は大変重要なツールです。

使える言い回し

解決策を実行するために、リスク分析をしましょう。
F Let's analyze the risk to implement the solutions.

それぞれの解決策についてリスクを洗い出しましょう。
F Let's list up all the risks for each solution.

リスクの評価は、重要性と発生確率でおこないます。
F Evaluation of the risks is based on impact and probability.

影響度の定義について簡単に合意しておきましょう。
F Let's briefly agree on the definition of impact.

発生確率はどう思いますか？　高い？　低い？
F For this risk, what do you think of the probability? High? Low?
S For this risk, probability is high or low?

リスクの高いものから対応策を考えてください。
F Let's think about actions from the higher risks.

そのアクションをとると、発生確率にはどんな影響がありますか？
F If we take this action, what is the impact on the probability of occurrence?

リスクが高いというだけで解決策を実施しない、ということではありません。
F It doesn't mean we will not implement the solution just because the risk is high.
S Risk isn't everything about decision for implementation.

むしろ、リスクを発生させない予防策を考えましょう。
🇫 Rather, let's think of preventive actions, so the risk would not happen.

実際に起こった際には、どんな対処をすればよいかも考えておきましょう。
🇫 Let's also think about our response plan when a risk really happens.

＋ワンポイント

　日本と海外、特に欧米とは、リスクの捉え方がずいぶん違います。コントロールできるリスクは最小限にするというのは両文化ともに共通していますが、日本では「避けるもの」、欧米では「高いリスクはそれに見合ったリターンがあるもの」と考えます。
　そうした文脈の中で、「…だけがすべてではない」と言うためには、例文のように **Risk is not everything.** という表現が適切ですが、**Risk is not the only reason.** という表現もできます。
　「むしろ」を強調したい時は **rather** を文の先頭に出して、後ろとの間を多少空けて発音すると効果的です。

ファシリテーションの6つのステップ
Six Steps for Facilitation
ステップ5／次につなげる

「次につなげる」のステップの目的は、「結論を出す」のステップで合意した実行のための項目をすべて確認し、会議後のアクションについて合意をとることです。

「結論を出す」のステップでかなり明確な合意ができているので、「もうやることは分かっているよ」と、ここで会議を打ち切ってしまうと、実行が遅れます。

以前、日本企業の買収のために、アメリカから1人の女性ファシリテーターが1週間だけ来日したことがありました。社内が大騒ぎの状態で、事情を知らない、しかも海外のファシリテーターに何ができるのかと、筆者自身も非常に懐疑的でした。

しかし彼女は1週間で膨大な意思決定の支援をおこない、そのどれもが実行にしっかり結びついていました。彼女の帰国後も、ミーティングで意思決定された内容について、実行上のアクションをした人々がしっかりフォローをしていました。

彼女の残したもっとも大きなインパクトは「次の一歩（Next Step）」の具体性でした。しかも非常にシンプルな方法で。それが以下で紹介する What-Who-When という考え方とツールです。

「次につなげる」側面については、全体の時間の5％も取られていないことがよくあります。実際に行動につなげて問題解決をするためには、この時間を少なくとも全体の10％、ときには20％はしっかり確保することが必要です。

目的：
・会議後のアクションに全員で合意する

流れ：
・What-Who-When で実行度を上げる
　What-Who-When to Make Sure Things Get Followed Up
・参加者間でのコンセンサスを確認する
　Making Sure of the Consensus

1 What-Who-Whenで実行度を上げる

What-Who-When to Make Sure Things Get Followed Up

意思決定した内容を確実に実行に結びつけるために "What-Who-When" を確認します。具体的な日付、担当者名、そして実施内容を明確にすることで飛躍的に実行度合いが上がります。

決定事項の確認が実行力を決める

　実行力のない会社には、典型的な特徴が2つあります。ひとつは、何が決まったか、決まっていないかが明確になっていないこと。もうひとつは、決めたことを誰が、いつまでにアクションをするのかを決めないことです。

　会議の最後では通常、本日の目的に立ち返り、当初予定していた成果物がなんであったかを改めて全員で確認します。提案であれば、合意して了承されたのか、否決されたのか。条件つきだったら、その条件は何なのか。

→ 使える言い回し

今日合意したすべてのことは、これでよいですか？
Ⓕ This is all what we agreed on today, right?

この提案は、条件付きですが、了承されましたね。
（そして、その条件を改めて読み上げて確認する）
Ⓕ This proposal is approved with conditions, correct?

　こうして内容を確認し、次に向けてのアクションがあるようであれば、そのアクションについて、「何を（What）」「誰が（Who）」「いつまでに（By when）」するのかを明

確にします。このようなシンプルなことをファシリテーターとして徹底することで、会議後の実行度合いが大きく変わります。話し合いの中で、どれだけ具体的に意思決定して、実行者が決まったと思っていても、最後に書いて確認するかしないかでは、本当に大違いです。この確認作業が、組織の中では数週間分の作業をムダにしないために必要な時間なのです。

たとえば、「月末までに、アジア本社がアジア各地の販売会社に新しいディスカウントのルールを連絡する」というアクションが、会議で同意されていたとしましょう。その内容を、２段階で書いてみます。

レベル１：
・アジア本社が各販売会社に新しい割引ルールをコミュニケーションする

レベル２：
・アジア本社は、来月の営業方針通達文書の中に新しい割引ルールを含める
・原稿は7月31日までにアジア本社管理部のLee宛てにマーケティングのNorahが起草して送る

通常の会社での合意の確認は、レベル１のレベルではないでしょうか。しかし、ファシリテーターとして、「これ、どうやって伝えるのだろう。誰が実際の原稿を書くのだろう？」と疑問に思っていた場合、そのことを会議の中で確認するべきです。
あえて具体的に書いて担当や出席者に確認することで、「そんなことは言ってない」「それは考えていなかった」という違和感を引き出すのです。または「担当者名までは勘弁してよ、それはうちの部署で考えるから」というときは、逆に要注意です。
こうして会議の最後に落とし込みの精度を上げることが可能になります。
このレベル１のレベルから、**What media?**「では、コミュニケーションは具体的にどんな媒体でしますか？」、**Who is in charge?**「この内容をしっかりした社内文書に落とすのは、誰がやるのですか？」、**Enough time to execute?**「その人には、これを締め切りまでにやるだけの時間がありますか？」など、そうした具体的なアクションを想定して、そこに確認を入れていきます。

図 40. What-Who-When を決めるためのフレームワーク

アクションプラン		
What	Who	When
モーターの振動部品の設計改訂 Re-design the vibrating part	Amy	Nov.1
ベンダーへの要件再提示 Submit specification to the vendor	Quah	Nov.15
ベンダーからの新部品品質検査 Approve quality of the new part from the vendor	Amy	Dec.1
新素材発注手配 Start purchasing new materials	Jun	Dec.5

　担当者にしても、実施期限にしても、すべて具体的にしましょう。なにかのアクションの担当者を「マーケティングがやる」等の部署名にしておくと具体性に欠けます。マーケティングチームの、誰がやるのか。そこまで確認しましょう。2人担当も責任の所在が曖昧です。名前が書かれ、しかも1人の名前しかないことで、人は初めてそれが自分の責任だと実感します。

　同様に実施期限についても「8月いっぱいくらい」ではなく、「では、8月31日ですね」と明確にしましょう。8月「いっぱい」から遅れたアクションは、遅れた時のインパクトが実感しにくいのです。しかし、「8月31日」からの遅れは「1日遅れた、2日遅れた」という単位で測られます。たとえ8月31日に間に合わなかったとしても、どちらのほうが先にアクションが取られるかは自明でしょう。

　これらはすべてフリップチャートまたはホワイトボードにまとめて書き上げます。タイトルは「Next Step（次の一歩）」です。詳細な議事録は書かなくても、この What-Who-When や、本日の目的や成果物に対しての合意内容だけは、体裁など整えずそのまま書き写したり、デジカメで撮影したりして、参加者全員に当日、遅くても翌日中にメールで共有することが肝要です。

実行担当者を決めるために

アクションについては、その場にいない部門や担当の人でないとできないものもあります。その際は、「この部門の、この人に、このアクションをお願いすることが必要ですね。この時期までに成果を出すことを働きかけて、この方に合意していただくお願いをするのは、この中の誰が一番適切でしょうか？」という質問をすることです。

その場にいない部門、いない人にアクションをお願いすること自体はよくありますが、「それ、司会（＝ファシリテーター）がやってくれるんでしょ？」となることもあります。

ファシリテーターが引き受けるのもオプションの1つですが、あまり引き受けすぎると、参加者の意識が落ちることにつながります。

多くの会社で、ヒマな人はそれほどいません。その状態で自分が参加していない会議でのアクションにそのまま時間が取れるのか。たとえ部下だとしても、部下の仕事の優先順位を、上司である参加者が本当に把握しているでしょうか。

「このアクションにはかなりの時間がかかります。今の業務との兼ね合いで優先順位を上げることは可能ですか」というところまで確認をして、実行のためのリソースを確保しましょう。こうした質問には、感情的な反発を受ける可能性があります。訊き方に注意すると同時に、ファシリテーターが決めるのではなく、状況を参加者全員で把握して実行の精度を上げるのだというムードを作ることが必要です。

参加者をお客さん扱いしないようにしましょう。特に日本企業の場合は、必要以上に本社や日本人がなんでも事務局作業的なものを引き受けてしまい、海外販社や

図41. What-Who-When の進め方

1	会議の最中に出されたさまざまなアクションを一覧にする Make a list of all the actions agreed during the meeting.
2	アクションを実施する担当者を1人決め、名前を書く Assign a name to each action and write the name next to the action.
3	いつまでに実施できるか、実施が必要か、具体的な日程を合意する Decide until what date the action can be done or should be done.
4	漏れているアクションがないか、担当者や日程は大丈夫か合意する Review the actions and see everything is covered, i.e. name, due date.

日本人以外をお客さん扱いする傾向があります。それでは、いつまで経っても日本人サイドは「俺たちがいないと回らない」、海外からの参加者は「結局、意思決定もアクションも会議の運営も日本人だけでやっているのか」という意識になり、最終的な成果の精度が落ちるばかりか、真のチームワークが発揮できません。

→ 使える言い回し

今後のアクションについて話しましょう。
- Ⓕ Let's talk about our next step actions.

「何を・誰が・いつまでに」を再確認しましょう。
- Ⓕ Let's reconfirm "Who does what by when."

誰がこのアクションを担当しますか？
- Ⓕ Who will take this action?

名前を教えてください。
- Ⓕ Will you tell me the name?

何月何日までですか？
- Ⓕ Can you tell us what day and month, please?
- Ⓢ By what day of what month?

これですべてのアクションをカバーしましたね？
- Ⓕ All the actions are covered, right?

駐車場の内容も見てみましょう。
- Ⓕ Let's take a look at the parking lot, too.

次回の会議について、日時と出席者、仮目的について話しましょう。
🄕 Let's plan our next meeting with its date, who should attend, and the tentative objective.

＋ワンポイント

　What、Who、When を決めると同時に、仮に次にまた同じテーマで会議が必要だとしたら、「その目的は何か」「会議に必要な人は同じ人か」「違うのなら誰が連絡するか」「当日いる人の間で実施可能な候補日はいつか」など可能な限り具体的にしておきましょう。

　数時間の会議がようやく終わろうとしているところでは、なかなかこうしたハウスキーピングやアドミといわれる事務的な確認作業に時間を使うことが憚られるように感じるかもしれません。しかし、ここで解散してしまい、複数の参加者の間で日程や出席者、仮目的の確認をメールや電話会議でやることを想像すると、その場で決められれば決めてしまうのが一番早いとなります。

2 参加者間での コンセンサスを確認する
Making Sure of the Consensus

> 最終的に参加者が一枚岩になって結論を出したと言えるように、出された結論について参加者間のコンセンサスを確認します。コンセンサスは日本語では誤解されることの多い言葉なので要注意です。

　コンセンサスと聞くと、全員賛成と思い浮かべる方が時々いますが、それは違います。コンセンサスに達しているためには、各参加者が「賛成か、反対かは別にして、私の言いたいことをみんなが理解してくれた（だから私は満足）」と思う必要があります。それは、逆に言うと「今日の参加者の考えていることは、賛成か反対かは別として、私にはしっかり理解できた」という状態です。

　全員がこうなった上で、会議の冒頭に説明された目標達成のために、解決策や今後のアクションについての同意をするのです。最終的に出された結論が、まさにコンセンサスを経て出されたものであれば、約束としてはその結論には参加者全員がオーナーシップを持ちます。

　「これは必ずしも私が当初考えていた結論ではない。しかし、議論を通して全員の考えや立場の理解ができた。その上で、結論を出すための評価軸や方法も明確であった」、Then, I am fully supportive of this conclusion.「であれば、私としてはこの結論を100％支持する」。こうした状態になれば、「俺はあの時違うと思った」というような言い訳ができなくなります。

　いつでもコンセンサスが可能かというと、そうではありません。コンセンサスには時間がかかるからです。時間優先のために多数決のような強引な意思決定手法によって結論を出すことも必要です。一方、かなり余裕があるのであれば、コンセンサスよりは全員がそもそも賛成するような夢の解決策を導くことに時間を割くのもよいでしょう。

　しかし、会議の最後の段階で少なくとも参加者に対して、ここまでの議論に感謝しつつ、出された結論に対してどの程度コミットできるものかを確認しておくことは、今

後の実行を考えても大変重要なことです。また、人は自分が宣言したことは、その実行を自然に志すといわれます。

　会議の最後に、出された結論を前にして、**全員にこの結論を擁護し、会議以降もしっかり実施や支援ができるかを確認しましょう。**その際、会議の中で出された議論をまとめたホワイトボードやフリップチャートの要点を読み上げます。ここまで積み重ねてきた議論を参照し、その結果出された結論であることをしっかり強調します。

➡ 使える言い回し

結論について、再確認しましょう。
Ⓕ Let's reconfirm our decisions.

この会議での議論の筋道を確認してみましょう。
Ⓕ Let's look at what we have discussed so far at this meeting.

この結論を支持できますか？
Ⓕ Can we all embrace the decision?

何かまだ言い残したことがありますか？
Ⓕ Is there anything left you didn't bring up?

この結論については全員のコンセンサスがあると言えますか？
Ⓕ Can we say consensus is reached for this solution?

これで本日の会議は終了です。お疲れさまでした！
Ⓕ This is it for today's meeting. Good job, all of you!

＋ワンポイント

　「支持する」には support という表現もあります。embrace は、単なる「支持」を超えて自分のものとして人に語ることができる、というところまでを意味する表現です。

ファシリテーションの6つのステップ
Six Steps for Facilitation
ステップ6／フォローする

　この6ステップ目「フォローする」で、問題解決を主軸としたファシリテーションのすべての段階が終わります。「合意した意思決定」がしっかり実務に落ちて、当初の目的である問題解決が実現し、ビジネス上のインパクトが発生することまでをフォローするというのが、このステップの目的です。

　合意されたアクションを着実に実施するためには、まず実施状況を定期的にモニタリングする場を設けます。

　最低限、2週間経ったら会議で合意された内容の実施状況を誰かが確認すること。その状況をメールでもよいので共有することを明確にして会議を終えることで、着実な実行につながります。

　ファシリテーター自身がその状況の確認をする役割となるかは状況次第です。しかし、ファシリテーターとして着実な実行を担保する体制を作るところまでは関与しましょう。

　少し複雑なアクションが合意された場合は、進捗状況の確認の電話会議やメールでの連絡を何回実施するかなども決めておきます。

　こうした進捗確認を効率的、効果的に実施するために有効な「4ブロッカー」という非常に簡易なツールを紹介します。

目的：
・会議で合意された結論がアクションにつながっているか確認する

進め方：
・4ブロッカーで、定期的に実行状況を確認する
　Moving Forward through Regular Review Meetings by the "4 blocker"
・目標達成を確認し、将来につなげる
　Confirming the Achievements and Accumulating the Learning

1 4ブロッカーで定期的に実行状況を確認する

Moving Forward through Regular Review Meetings by the "4 blocker"

> 定期的にレビューをする目的は、会議終了後に合意された解決策の導入等の実行を促進することです。そのレビューでは、4ブロッカー等の簡単な実行状況確認のテンプレートを用いて、効率的に進捗状況の確認と問題点への対応をし、成果達成を確実にします。

レビュー会議で進捗を確認する

　このレビュー会議（review meeting）も会議の1つです。ときには議論をして対応策を決めるという典型的な6ステップに沿った流れで運営します。最初の会議の内容や深さによりますが、最低一度は、会議で合意された内容をしっかり確認するレビューのための簡単な会議、またはメール等によるフォローをすることを合意します。

　このレビュー会議も「会議」としてアジェンダや進行手順がありますが、関係者が毎回現状共有から入り、その中でも実施上の課題、困難な点について共有し、その場で解決できそうなら解決する、その場では難しいようであれば、別途関係者を決めてそのためだけにまた会議を開く、というような進行です。

　このレビュー会議は、たいていの場合かなり短時間です。参加者も固定されるので、基本は毎回さっと集まり、さっと確認して、必要なアクションがあればその合意をし、また次回集まってそのアクションをさらに確認するというように実施します。

　さて、そのレビュー会議でのアジェンダは毎回作成が必要でしょうか。いえ、こうしたレビュー会議の目的は、進捗確認をして遅れているアクションや問題を共有し、その場で可能な限り対応することです。このレビュー会議で対応しきれない問題については、別途時間をとって、改めて担当者が問題解決にあたります。その際に会議をするのであれば、別途この問題の解決に焦点を当てた会議を準備して、実行します。

　しかし、通常の進捗確認とその場での問題解決が可能であれば、むしろアジェン

図42. 4blocker で実行状況をレビューする

SCMシステム導入プロジェクト進捗ミーティング
Review Meeting for SCM system implementation

今週終了したこと Tasks Completed in this week	来週実施すること Tasks for the next week
・物流部での業務量調査 　Work volume survey at logistics department ・配送トラックのタイプ分析 　Truck type analysis	・物流部で業務量調査の結果報告会 　Sharing session at logistics department ・財務部でトラック業者のコスト比較 　Cost analysis of logistics vendors by finance department
遅れていること・対応策 Delay and response	共有したいこと General sharing
・イレギュラーデータの収集 　→今週中に派遣社員2人増員し対応 　Collection of irregular data 　→Hire two temp staff this week	・物流部門で今回のSCMシステム導入がリストラにつながるという噂になっており、士気ダウン 　Rumors started at logistics department that the SCM system implementation leading into head count reduction

ダは定型的なものとし、その中で使う進捗確認のための共有ツールも事前に決めておけば、全体が効率的になります。

　そのためのツールが4ブロッカーです。中身は非常に簡単。**「やったこと」「できなかったこと」「次のレビューまでの計画」「その他共有」というシンプルな項目を、シンプルな形のテンプレートに入れたもの**です。こうしたテンプレートを毎回使うことで前回との比較も可能になり、実行のための確認や問題点の発見を容易にします。

4ブロッカーの使い方

　こうしたレビュー会議で使われる簡単なアジェンダの事例を付けておきます（図42）。このレビュー会議の場では、しばしば報告用のフォーマットが定められます。その典型例が「4ブロッカー」というツールです。

　このレビュー会議ではファシリテーターが事前に4ブロッカーを集めておき、ポイントになりそうな部分だけ少し時間をかけて説明を要請します。その他特段大きな変

化がないところは、「うまくいっている」「遅れた部分もあるが、次回までに挽回可能」程度の共有で、2〜3分程度で流すようにします。

4ブロッカーは「終了したタスク（Completed tasks）」「次回までに実施予定のタスク（Tasks to be completed by the next review）」「遅れ・問題とその対応（Delays, problems and responses）」「その他共有が必要なこと（Other general sharing）」というシンプルな項目から構成されています。

なぜこのシンプルなツールが有効なのでしょうか。

合意したアクションの実行状況を確認し、実行のための支援を相談している会社は、実行力が高い会社です。4ブロッカーは全体の実行計画に定められた目標達成とその期限をしっかり遵守するために、関係者で実行状況を確認し、渉外や遅れを回避するための「見える化」ツールなのです。

4ブロッカーは多くの場合、会議の冒頭で全体の動きを簡単に確認するために使います。具体的な議論をする前に、事情を共有しておくためです。チーム全体の役割分担がスムーズであれば、4ブロッカーについては事前のメール共有だけに留める場合もあります。

取り組みテーマごと（例：社内広報、価格交渉等）に作成し、各テーマの進捗状況を短時間でまとめて共有します。テーマごとにまとめているのですが、実際には各テーマでタスクを持っている個人が、個人ごとの4ブロッカーを作り、さらに進捗を共有し合うことをお勧めします。

このツールの長所は、「全体感」を一目で分かるようにしている部分です。日本語でいう「箇条書き」の感じを大切にします。しっかりした文章で書くよりはシンプルにキーワードを使って表現するように工夫してみましょう。筆者が支援した会社の中には、どんな文章でも「書きぶり」にこだわり、文学作品のレベルまで高まった結果、結局進んでいるのか、遅れているのか、何が問題なのかが具体的に分からなくなっている会社もありました。本末転倒ですね。

情報を細かく、かつ文章の形で書いてしまうことは避けます。目的は、進捗確認であり、当初予定達成が困難になるほどの問題が発生しているか、そのための対応をとれるかという事実の共有です。その説明に必要な詳細や背景などは口頭で共有し、大きな事態であれば別途そのための時間を設ければよいのです。

また、見える化という点では「遅れていること、懸念事項」の部分こそしっかり活

図43. 4ブロッカーを使ったレビューの進め方

1	関係者は4ブロッカーを作成し、事前に全員に送付しておく Prepare 4 blocker before the review and share in advance.
2	確認会議では、4ブロッカーの主要部分のハイライトのみ共有する Share the high-level points and issues with others.
3	問題や他の参加者への依頼等を中心に話し、その場で解決する Focus on the issues and requests to other participants, then resolve at spot.
4	ファシリテーターは、前回の4ブロッカーとの主な違いに焦点を当てる Facilitator should focus on the difference with the previous 4 blocker.
5	今回の進捗確認を要約し、次回までのアクションを確認して終わる Summarize the review and reconfirm the actions until the next review.

用していきましょう。すべて計画通りに実行できるような取り組みは世の中に存在しません。その中で、褒められるべきはトラブルや問題を事前に共有し、自ら対処しつつも適切に周りの支援を仰いでしっかり実行を進める姿勢です。こうした姿勢は、チーム全体の中での「信頼」の蓄積につながるのです。

余談ですが、日本人のコミュニケーションの問題として、「何を考えているのか分からない」とよく言われます。4ブロッカーでも、遅れていることや懸念事項に何も書き込まず、「全体順調」と話をしておきながら、ある日突然「実はこの部分が1カ月遅れる」と唐突に共有される。この時、本当の問題は遅れることより、その予兆について共有していなかったことにあるとされるのが海外での考え方です。

→ 使える言い回し

4ブロッカーは参加者に事前に共有してください。
- Please send the 4 blocker to participants before the next meeting.

全体的な状況の大事な部分を4ブロッカーから教えてください。
- Can you tell us your highlights from the 4 blocker?

遅れているアクションや問題についての対応を共有してください。
🄵 Please tell us your response to the delayed tasks or problems.

遅れているアクションについて、どんな支援が必要ですか？
🄵 What support do you need for the delayed action items?

他のチームから必要な支援はありますか？
🄵 Is there any support necessary from other teams?

次回のレビューまでに、この遅れは取り戻せますか？
🄵 Can you catch up by the next review meeting?

この問題は重要ですね。別に時間をとって解決するようにしましょう。
🄵 This problem is critical. Let's have a separate time to resolve it.

全体目標の達成については特別な問題なく進捗していると言えそうですね。
🄵 We can say we are progressing OK to achieve the overall goal.

2 目標達成を確認し、将来につなげる
Confirming the Achievements and Accumulating the Learning

> 問題は最終的に解決したでしょうか。会議での結論がしっかり行動に移され、所定の成果を収めたか確認します。そして、何が活かせるかをまとめ、将来につなげます。

　定期的なレビューが繰り返されるようになり、実際のアクションの進捗状況が「見える化」されていれば、ゴール達成まであともう一息。アクションの実施状況を共有しながら、最終的な目標達成を目指してしっかり詰めましょう。加えて、当初の問題をもう一度振り返り、それは取り組みによって改善したのか、目標は達成したのか、よりうまく進めることができた課題は何かなど、最後に、目標の達成と将来へつなげるための学びを確認しましょう。

　「ファシリテーションは問題解決だ」という趣旨で、ここまで解説してきました。問題といっても、さまざまです。部門横断的なサプライチェーン上の問題解決で全体課題を整理しているときにも、実行レベルに落ちてきて進捗の確認会議をしているときにも、さまざまな問題が発生します。

　ファシリテーターとしては、常に発生する問題を、どのレベルと範囲で解決するのかを考えながら、手を打ち続けます。最初から最後まで実務のリーダーとして関わり続けることもあるでしょう。また、スポットでファシリテーションをすることもあるでしょう。大事なことは、ファシリテーションの前後で何が変わったかを認識することです。

　そして日々の中でも、一区切りついた後でも、ファシリテーションで何をさらに改善できるか学び続けましょう。さまざまな形で常によりよく進めるための振り返りと改善を続けることが、個人としても組織としても将来につながります。

　一番簡単な振り返りのやり方は、ファシリテーションを実施するすべての会議で、議題の議論とネクストステップの決定が済んだ後に、「本日の会議について」という名

目で振り返りをすることです。

　期待と不安でスタートし、本日の結論がある程度出て、アクションプランまでできたところで、「さて、では気持ちを切り替えて、本日の会議そのものについて振り返ってみましょう」と切り出し、うまくいったこと、改善の余地があることを参加者に挙げてもらいます。特に実際の参加者が感じたことを感じた通りに文章やキーワードで出してもらうことは効果的です。

　もちろん、毎回の会議だけでなく、大きな問題解決が一区切りした際、できるだけ多くの参加者に集まってもらい、全体の振り返りをするクセをつけましょう。こうすることで、個人としても組織としても大きなレベルアップをすることができるはずです。

　振り返りの方法としては、継続すること（Keep）、問題点（Problem）、新たにやってみること（Try）の3つの視点で考えるKPT（ケプト）がプロジェクトマネジメントの世界などでよく用いられています。

➡ 使える言い回し

ゴールは達成した。
- Ⓕ We have achieved our goals!

問題は、どこまで解決しただろう？
- Ⓕ How much did we solve the problems?

取り組み前と、取り組み後では何が変わっただろう？
- Ⓢ What did change, before and after?

この取り組みで、効果的だったことは何だったと思う？　効果的でなかったことは？
- Ⓕ What do you think worked well in this initiative? What did not?
- Ⓢ What worked well? (What not?)

定期的な進捗確認ミーティングは良かったんじゃないかな。
- Ⓕ The regular review meeting worked pretty well.

今日の会議の進行について考えてみよう。
- Ⓕ Let's think about how we ran the meeting today.

うまくいったところと、いかなかったところは？
- Ⓢ What went well and what not?

次回新しくやってみようとするとしたら、どんなことでしょうか？
- Ⓕ What would we try new if there was a second chance.

将来のために、今回の学びを活用しよう。
- Ⓕ Let's leverage our learning for the future.

＋ワンポイント

　日本語の「取り組み」は、なかなか便利な言葉です。何かやっているということで、具体的にプロジェクトなのか、実務なのか、さまざまな意味合いで使えます。英語では、どうなるでしょうか。筆者は initiative、project、engagement をよく使います。

　initiative は initiate「開始する」という動詞の意味から、積極的な取り組みというニュアンスが出てきます。一方、具体的に事柄を特定するよりは、比較的広い範囲のことに使うような印象があります。

　project は、明確に目標と期間を持って体制を組むことがその定義ですから、比較的分かりやすいですね。日本企業ではプロジェクトの定義の仕方が曖昧なところがあります。まさにファシリテーションをしっかりしないと、プロジェクト自体の定義が曖昧なまま進んでしまいます。

　engagement は非常に強い決意が込められています。婚約指輪、「エンゲージリング」の engage ですから、自分自身をその中に投じるほどの強い約束をするというニュアンスになります。皆さんには、ぜひファシリテーションという取り組みに engage していただき、周囲の人と一緒に問題を解決し続けられるリーダーになっていただきたいと願っています。

S 付録：電話会議を ファシリテーションする

Supplementary Lesson:
Facilitating a Conference Call

> 電話会議では会議参加者の姿が見えず、声だけが複数聞こえる状態です。そんな中でスムーズに議事を進行させるためには、独特の注意が必要になります。

　これまではリアルの場でのファシリテーションを想定して、その進め方を解説してきました。とはいえ、メンバーの勤務地が離れている、特に日本・アジア・ヨーロッパなどと国が異なると、全員が集まるだけでも大変です。進捗確認のような日常的な会議であれば、電話会議で済ませることも多いでしょう。

　そこで本書の最後に、相手の姿が見えない、音声だけの参加者が複数いる典型的な電話会議でのファシリテーションを取り上げます。たとえば日本が主催して、新製品の開発最終段階の予定を共有しながら、世界中の地域販社と今後の主要なスケジュールを確認・調整するといった会議です。

　相手の顔が見えない状態で、しかも英語を使ってどのようにファシリテーションすればよいのでしょうか。**ファシリテーション自体の基本はまったく変わりません。**しかし、電話会議に付き物の宿命というべき状況がいくつかあります。その状況と、その中でのファシリテーションの進め方を取り上げます。最後に、ファシリテーターとしてではなく、参加者として電話会議に入る際の心構えを説明します。

　なお、「電話会議」の意味でよく使われる「テレコン」は、telecon として通用しますが、著者としては conference call をお勧めします。

電話会議の宿命1：時差がある中での会議設定

　アジア、ヨーロッパ、アメリカと、すべての国で電話会議は非常に頻繁に開かれます。日本でも外資系企業に勤務している人たちの間では、I've got a conference call in the evening tonight.「夕方に電話会議あるんだよねー」や I have to do one mid-night conference call because of the time difference with US.「アメリカとの時差のせいで、深夜に電話会議になっちゃったよ」と、電話会議の時間帯が話題にのぼります。

　電話会議では、実際の開始前に、まず時差のある地域の人との調整が最初のチャレンジになります。時間や日程を設定するときには、必ず「どこの時間で」かを明確にしましょう。たとえば、4:00 pm or 16:00, Tokyo time などと明示します。また、過剰と思われるかもしれませんが、参加する地域のすべての国での地域時間をリストしておきます。たとえば、4:00 pm-Tokyo, 3:00 pm-Singapore, and 8:00 am-Hamburg などです。

　本来であれば、どこか一地域の時間を決めれば、自動的に他の地域の時間も決まります。とはいえ、電話会議を始める前の段階で、時間についての誤解は「驚くほど多い」と思っておきましょう。特に夏時間の始まりと終わりは、国によって異なります。日本人も含めて、**多くの人は自分中心にものを考えます。曖昧な書き方をすると、誤解が生じて、電話会議自体が成立しなくなります。**

　電話会議の設定はＥメールのメーラーを使いカレンダー上で「招待（invitation）」すれば、自動的に時差も調整されて現地時間に変換されるので便利です。それでも時間の勘違いで、参加者が欠けたり、すっぽかしたりという事態はよくあります。確認を心がけましょう。

➡ 使える言い回し

7月21日の日本時間夜7時（シンガポール時間夜6時、イギリス時間朝10時）に電話会議をしよう。

🇫 Let's have a conference call on July 21, 7 pm Tokyo time, 6 pm Singapore and 10 am, UK time.

これが電話会議のための電話番号、1234が会議室番号です。

🇫 This is the dial-in number and the conference code is 1234.

そちらの朝が、こちらの夜です。ほぼ1営業日違います。

🇫 Your morning is my night – it is almost one business day difference.

＋ワンポイント

午前、午後の am、pm は必ず明確にしましょう。24時間表示（例：14:00）も使いますが、頻度は高くありません。こちらの時間は私がいる時間帯の時間ですから my time、そちら（あなた）は your time です。

電話会議では専用のシステムをよく使います。電話をかける形式の場合には、専用システムの番号を call-in number、その中での擬似会議室（conference room）の番号を room number または meeting number などと呼びます。

電話会議の宿命2：電話会議の開始と遅刻者の参加

会議室で参加者が集まっておこなう会議と違って、電話会議では誰が参加しているのかが見えません。リーダーや電話会議設定者が参加するまでは、電話会議の「会議室」に誰がいるのか分からないのです。

あなたがファシリテーターであれば、電話会議開始の5分前には参加し、会議室を開けましょう。徐々に参加してくる参加者に必ず話しかけ、手元の参加予定者リストと照合しながら誰がいるか、いないかの状況がすぐ分かるようにしておきましょう。

参加者のリストは電話会議では大変重要です。普通の会議ではジェスチャーやアイコンタクトで自然と、議論や質問をする人に振ることができます。しかし、電話会議では相手が見えないのですから、**話しかける時は必ず名前を言い、誰に対して話を振っているのかを明確にする必要がある**からです。

電話会議では、新しい参加者が会議室に入ってくると、機械録音されたオペレーターの声や参加者本人が直前に自分の名前を録音した声、あるいはポーンというトーン音などで、「新しい参加者が加わった」ことが分かるようになっています。

電話会議のファシリテーターとしては、常に新しい参加者には話しかけ、名前を確認し、誰が参加しているかの情報を共有しましょう。筆者の偏見かもしれませんが、5人以上の電話会議を海外と設定すると、必ず1人は5分程度遅れて参加するように感じます。まったく不思議ですが、事実遅れてきます。

設定した時間の長さや状況にもよりますが、8〜9割くらいの参加者が集まり、時間が5分も過ぎていれば「早くやろう」というムードで、流れで会議が開始されてしまいます。ファシリテーターは、開始するのか、誰か重要な参加者をあと少しだ

け待つのか、意思決定をして仕切りましょう。**We are still missing KL, but let's get started.**「KLがまだ入っていないようだけど、そろそろ始めようか」と掛け声をかけて、開始します。

　電話会議の場合、後から遅れて入ってくる人がいるたびに、ファシリテーターはこまめに、かつコンパクトに、これまで話してきた内容をサマリーします。こうしたサマリーの回数を減らすためにも、通常の会議以上に気を遣って時間通りに入れるようにしっかり準備をしておきましょう。

　電話会議の電話番号や会議室番号そのものが間違っていることも珍しくはありません。特に初めての電話会議相手の場合は、そうしたことを予防するためにも、少し前に試しにかけておくなどのリスク予防策を取ることをお勧めします。

　仮に電話会議自体に入れないような場合、慌てても仕方ありません。ファシリテーターや参加者の携帯に直接電話したり、メールや**SMS**（ショートメッセージ：short message）などで、入ろうとしても入れない旨を伝えましょう。理由が分からず参加できない場合もありますし、正しい会議室番号等が慌てて送られてきたりもします。

➡ 使える言い回し

もしもし、ノブだけど、誰かもう入ってる？
（とりあえず会議室に入ったときに）

F Hello, this is Nobu – anyone here already?

トーマス、もう入ってる？

F Thomas, are you already in here?

いま入ってきたのは誰？

S Who just joined?

ノブ、久しぶりだな。クリスだ。他に、ピーターと、サンドラも入っている。
（クリスがファシリテーターの場合）

S Hi, Nobu, it's been a while. This is Chris. Peter and Sandra are here, too.

あとエドアルドが来ればスタートできるんだけど、もう少しだけ待ってみよう。
- Once Eduardo joins, we can start. Let's wait for him a little more.

ちょっと簡単にここまで話した内容を要約しよう。
- Let me make a summary of our call so far.
- Just give you a bit of summary.

電話会議の番号（会議室番号）に電話しても、通じないんだけど！
（主催者の携帯やオフィスに電話をする）
- Hey, the call-in (conference room) number is not working!

＋ワンポイント

　電話会議への参加は、join をよく使います。また、リアルの会議ではメンバーの在席状況を確認すること自体ありえませんが、電話会議では、わりと頻繁に「〇〇さん、まだいますか？」と確認します。その際には、〇〇, are you still here? と尋ね、いる時は Yes, I am (here).「いますよ」と応答しましょう。

電話会議の宿命 3: 相手が見えない中での仕切り

　電話会議で一番難しいのは、同時発声があったときです。リアルの会議でも発声がかぶることはよくありますが、その場合、ファシリテーターは誰と誰がかぶっているのかがすぐ分かります。ジェスチャーも含めて、その状態を仕切ることができます。

　ところが電話会議ではそうはいきません。どちらがしゃべってもよさそうな場合は（誰と誰がかぶっているのかが分からなくても）、慌てず少し待つと自然とどちらかが続けてしゃべり始めます。リアルの会議室の時でも同じですが、ファシリテーターが「自分が仕切っている」という意識を強く出しすぎないほうが、むしろ参加者間での自然な議論になります。

　会議の流れからどちらに続けてほしいのかが明確な場合には、ファシリテーターが短く介入しましょう。対象者の名前をしっかり発声し、できるだけ短い表現で、かつ、それまでの流れとつながるようなブリッジ（**bridge**）を付けてあげるとスムーズで

す。Sohn, just wait, will you? Let's hear what Jun wants to say.「ソン、ちょっと待って、ここはジュンの言うことをまず聞いてみよう」という具合です。

　話しかける時は常に名前で明確に話しかけます。たとえ発声がかぶっていても、誰が対象になっているか、誰がしゃべるべきか、という点でその場をうまく整理することができます。そのためにも参加者リストが大切です。

　電話会議では、参加者の電話会議システムの状態や、参加場所（移動中の車の中から等）によって、声が聞こえにくかったり、背後にノイズがあったりします。また、いるはずと思っていた参加者が、電話回線の都合で落ちていることもあります。常に明確さと「誰が」を意識しましょう。

➡ 使える言い回し

ちょっと待って、トーマス、今まで話してたテリトリーの定義についてだね？
（いったん割って入って、話してほしい人を明確にして、つなぎを作る）

Ⓕ Wait, wait! Thomas, it's about definition of the territory, right?

キム、物流の課題は共有できたね？　次はターニャから営業について。
（しっかり名前を出して、対象を明確に）

Ⓢ Kim, logistics issues are covered, OK? Now Tania, about Sales?

スティーブ、スティーブ、もう少しゆっくり話してくれないかな。
（二度呼びかけることで、意識を強く持ってもらう）

Ⓕ Steve, Steve, will you speak slowly, please?

誰の状態か分からないけど、背景の音のノイズが大きいな。

Ⓕ Not sure whose background noise, but it's a little loud.
Ⓢ The background noise is loud! Whose is it?

もう少し大きな声でしゃべってくれないか？

Ⓕ Could you speak up?

しゃべっていない時は電話をミュートにしておいてくれないかな。
Ⓕ Will you mute your phone when you are not talking?

＋ワンポイント

電話会議専用のスピーカー付きの電話会議システムや最近のスマホには、マイクに斜めに線が入った通称「ミュート（消音：mute）ボタン」があります。このボタンを押している間は、騒がしいところにいても、そのノイズ自体が他の参加者の迷惑になることはありません。

あなたが参加者になったとき

電話会議という場に、参加者として加わるときに心がけることを列挙してみましょう。電話会議に入ったら、Hi, this is Ken, just joined!「ケンだけど、入りました！」、Hi, here's Cathy!「こんにちは、キャシー入りました！」など、まずは名乗りましょう。

参加してからは、リアルの場の会議のように意見を述べたり、質問をしたりと会議が始まります。通常の会議でもそうですが、電話会議の時はさらに気をつけて**言いたいことをシンプルに伝えることに徹しましょう。**さまざまな説明がつくと、言いたいことが分からないまましばらく時間が過ぎ、ときには説明の言葉を誰かが拾って、質問が始まったり議論を始めてしまいます。本当に言いたいことが言えないだけでなく、脱線の原因です。気をつけましょう。

慣れない英語で、何十分も話していると、どうしても集中力が保たない時があります。時差もあって、眠くなってくるときも。そんな時に限って、Taro, what do you think?「タロー、どう思う？」と訊かれたりするものです。安易に I like it.「いいね」などと言わず、(Can you) say the question again?「質問の意味をもう一度教えてくれる？」という言い方で、質問を確認しましょう。

日本人にありがちなのは、sorry の多用です。英語で説明をしているときに単語が出てこなかったり、少し支離滅裂になってきたときなどに Sorry, sorry, ... oh, well, sorry... と、sorry のオンパレードになってしまうことがあります。

そんな時は、Well...「えーと…」、What I wanted to say is...「言いたかったのは…」といったフレーズで切り抜けましょう。何も言わないで eh... だけだと場が保ちませ

んし、おそらく他の話題に移ってしまいます。待ってもらうよりは、Let me come back later, can I?「後で話してもいいですか？」と話して、いったん冷静になってみましょう。

ただし、リアルの会議でもそうですが、話をする内容のタイミングがズレてしまうと、戻るタイミングがなくなるかもしれませんし、そもそも全体の効率の妨げになります。電話会議こそ「準備99%」のつもりで、聞きたいこと、主張したいこと、論点になりそうなこと、自分のスタンスなど、最初の段階でコンパクトに伝えられるようなサマリーをあらかじめ作って臨むことをお勧めします。

電話会議の終了時には、ファシリテーターがサマリーをするはずです。とはいえ、参加者として電話会議を実施して、細かい議論が理解できていなかったり、自分のアクションに不安がある場合もあるでしょう。

ファシリテーターがまとめに入るタイミングで、自分からも「この電話会議の要点と、自分のアクションの確認をちょっとしてもよいかな」と声をかけてみましょう。ファシリテーター的な動きですが、実際のファシリテーターにとっても助かる発言です。

これをきっかけにファシリテーターがしっかりまとめを共有してくれれば、さらにありがたいですし、自分のまとめにファシリテーターや他の参加者が「そうだね」と認めてくれれば、ひとつの付加価値にもなります。

その上で、「で、私のアクションは…」という形で改めて確認をし、誤解を避けます。ファシリテーターとしてのスキルは、参加者としても遠慮せずに発揮してみてください。

→ 使える言い回し

ノエルだ、シンガポールから今入ったよ！
Ⓢ Noel here, just calling in from Singapore!

これまで価格について話してきて、まぁ、それはいいんだけど、でもね…
Ⓕ We have talked about the pricing issues and it is OK, however...
＊悪い例：言いたいことの前に長すぎる枕詞で、脱線の余地を作っている

もっと販促について話そう。値段についてはもういいんじゃない？
Ⓕ Let's talk more about promotion. I think we are done with pricing.

＊良い例：言いたいこと（＝販促について話そう）から素直に入る。状況によっては２文目も不要

えーと…、言いたいのはね…
Ⓕ Well, then...what I wanted to say is...
Ⓢ Well, then...my point is...

ちょっと考えて、後で話をさせてください。
Ⓕ Let me think for a minute and come back later.
Ⓕ Need some time and I'll comment later.
＊こうしたことを言うこと自体、あまりお勧めはできない

マヌーンさん、タイの状況を教えてくれるかな？
Ⓕ Manoon, can you share with us the situation in Thailand?
Ⓢ Manoon, can you talk about Thailand?

えっと、今日の電話会議の理解を確認したいんだけど。
Ⓕ Well, may I reconfirm my understanding of the call?

「…」というのが、私の理解した要点なんだけど、十分かな？
Ⓕ "..." is what I understood as a summary of today, is that good enough?

自分が約束したアクションは、「…」と「…」だよね？
Ⓕ My actions that I committed are "..." and "...", right?

＋ワンポイント

英語に自信のある方でも、電話会議ではできるだけ表現をシンプルにして、誤解を避けるようにしましょう。日本語でもそうですが、前置きはしないで、まず言いたいことを述べ、それから説明をしましょう。二重否定や複雑な構文などは、流れの中で伝わったように思えても、誤解の元です。

あとがき
Acknowledgements

　これまで雑誌やネットには何度も記事を執筆してきました。しかし「本」を書くというのは、これまでとまったく違う体験でした。クライアントのワークショップなどで普段話している内容を書けばよい。最初はそう思っていましたが、全体の筋を通した形でまとめる苦労は想像以上でした。

＊

　友人であり、ビジネス面でも付き合いのある Geoffrey Hasemer 氏には、私の書いた英文に目を通しもらい、英語のネイティブ・スピーカーの視点からいくつかの修正をしてもらいました。ジェフ、忙しい中ありがとう。

　大学時代からの友人で、現在自由が丘で「Lingua」という個性的な英会話教室を主宰する谷上健君（Ken）にも原稿に目を通してもらい、表現を追加してもらいました。Ken、ありがとう。素晴らしいキャリアを持ったビジネスマンとして、そして完璧な日英のバイリンガル・スピーカーとして、彼は本書の内容を実践的に教えています。

　また、本書をご担当いただいた日本経済新聞出版社の堀江憲一さんにもこの場を借りて厚く御礼申し上げます。本当に辛抱強くお付き合いいただきました。

＊

　本書の内容の大半は、クライアントの皆様、これまで公私ともにお付き合いいただいた多くの皆様との接点の中で経験し、学習したことが元になっています。私を育ててくれた皆様、いつも感謝の気持ちです。ありがとうございます。

　そして何より、本書を手にとり、あとがきまで目を通していただいている読者の皆様、ありがとうございます。本書で説明した場面に実際に直面したとき役に立ちそうだなと感じていただけたでしょうか。ご感想など頂戴できれば幸いです。

　より多くの日本人が、日本でも海外でも良い仕事ができ、素晴らしい活躍をしている。これが私のビジョンです。その実現に少しでも貢献できる本が書けただろうか。そう思いながら今、あとがきを書いています。

■著者紹介

太田　信之（おおた・のぶゆき）

　1966年、東京生まれ。国際基督教大学教養学部卒業、同大学大学院行政学研究科修了（経営学専修）。London School of Economics博士課程中退。

　ソニー入社後、海外営業部門（オーディオ製品のマーケティング部門）を経て、ソニーイタリアでマーケティングマネージャを務める。外資系コンサルティング会社を経て、GEジャパンに入社し、キャピタル部門にて企業買収チームで組織・文化統合を担当。その後GEエジソン生命に転籍し、買収後の統合マネージャーおよびシックスシグマのマスターブラックベルトを務める。GE退職後、ジェネックスパートナーズ設立に携わり、現在は同社の海外提携先であったバレオコン・マネジメント・コンサルティングのアジア・パシフィック代表。

　過去3年間で、マレーシア、インド、シンガポール、ベトナム、ドイツ、イギリス、アメリカなど20カ国もの多文化環境のもと、多文化メンバーに対して、ファシリテーションを活用した業務改革（サプライチェーン統合、製造事業所改善、新規事業開発、新薬のグローバルマーケティング）プロジェクトを実施。最近では日本企業のグローバル化のための活動にも積極的に取り組んでいる。国内大手素材メーカー、国内大手新薬メーカー等では、リーダーシップ開発のための研修設計と実施も担当している。

　仕事を進める上での信条は「英語力ではなくコミュニケーション力」「ファシリテーションには、ツールだけでなく問題解決への情熱が必要」。

現在：
　バレオコン・マネジメント・コンサルティング　アジア・パシフィック代表
訳書：
　『ファシリテーション・リーダーシップ』（共訳、ダイヤモンド社）
連絡先：
　info-japan@valeocon.com

**外資系コンサルが実践している
英語ファシリテーションの技術**

2014年11月4日　1版1刷
2014年12月12日　　2刷

著　者	太田信之
	©Nobuyuki Ota, 2014
発行者	斎藤修一
発行所	日本経済新聞出版社
	〒100-8066　東京都千代田区大手町1-3-7
	［URL］http://www.nikkeibook.com/
電　話	（03）3270-0251（代）
印刷・製本	中央精版印刷株式会社

ISBN978-4-532-31927-4

本書の内容の一部または全部を無断で複写（コピー）することは、法律で定められた場合を除き、著作者および出版社の権利の侵害になります。

Printed in Japan

日本経済新聞出版社／ファシリテーションの本

ファシリテーション・グラフィック
議論を「見える化」する技法

堀 公俊・加藤 彰【著】
A5判並製
224ページ
＋カラー口絵8ページ
定価(本体2000円＋税)
ISBN 978-4-532-31288-6

話し合いを「空中戦」から「地上戦」に！

バラバラの発言が飛び交うだけの会議も「描いて見せれば」スッキリ整理でき、アイデアもどんどん生まれる。キーワード抽出や文字の書き方から具体的な場面別の活用法まで実践ノウハウを紹介。作例多数。

チーム・ビルディング
人と人を「つなぐ」技法

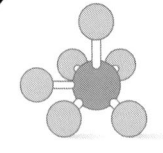

堀 公俊・加藤 彰・
加留部貴行【著】
A5判並製
224ページ＋別冊付録(アクティビティ集)16ページ
定価(本体2000円＋税)
ISBN 978-4-532-31340-1

あなたのチームが30分で変わる！

メンバーの協働意欲をグッと高める強力なツールを満載。「新しいプロジェクトを立ち上げる」「統合した部署の一体感を高める」など、具体的な状況別に活用できる技法とテクニックを解説。

ワークショップ・デザイン
知をつむぐ対話の場づくり

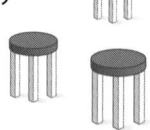

堀 公俊・加藤 彰【著】
A5判並製
240ページ＋別冊付録(アクティビティ・カード)16ページ
定価(本体2000円＋税)
ISBN 978-4-532-31403-3

組織を活性化するノウハウが満載！

研修で活用が進む参加型・体験型の場「ワークショップ」のプログラムづくりを、コンセプトから開催準備、当日の運営まで体系的に解説。ビジネスやコミュニティでそのまま活用できるプログラムも17プラン紹介。

ロジカル・ディスカッション
チーム思考の整理術

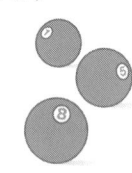

堀 公俊・加藤 彰【著】
A5判並製
224ページ
＋別冊付録20ページ
定価(本体2000円＋税)
ISBN 978-4-532-49080-5

あなたも議論のまとめ上手になれる！

ロジカルでないメンバーでも筋道立てて考え、合理的に話し合えるようサポートするポイントを、場へ切り込む問いかけフレーズとともに紹介。フレームワーク127種類をまとめた持ち運びに便利な小冊子つき。

http://www.nikkeibook.com/